石川文洋
Bunyo Ishikawa

フォト・ストーリー

沖縄の70年

岩波新書
1543

はじめに

私は沖縄で生まれたが、一九四二年、四歳のときに本土に移住した。その後、香港で八カ月、ベトナムで四年間生活したときを除けば、ずっと本土で暮らしている。

それでも沖縄を想う気持ちはかなり強いという自負がある。たとえば、春・夏の高校野球大会では沖縄代表校を熱狂的に応援している。それは、長く暮らした千葉県の代表校と対戦するときも、この二〇年近く住んでいる長野県の代表校と対戦した場合も、変わらない。沖縄出身の人に会うと特別な懐かしさを感じる。

本土育ちなのにどうして沖縄人意識が強いのか。

理屈ではなく感情的なものなので、自分でもよく分からない。ただ、遠く離れて暮らしているけれども、故郷の歴史、文化、自然を、両親や親族、そして現地の人々と共有しているからではないかと思っている。琉球王国の成立、薩摩藩の侵略、琉球併合、沖縄戦、米軍基地といった沖縄の歴史は、私にとっての歴史でもある。

そして、沖縄に帰ったときに触れる三線、琉球舞踊、エイサーなどの文化。青い海、亜熱帯植物がある自然。ゴーヤーチャンプルー、足ティビチを食べながら泡盛を飲む食文化など、どれも大好きだ。那覇公設市場へ行き、ブラブラと見物し、ときにはコザのロックも楽しむ。沖縄の歴史や現在には喜びも悲しみもある。そうしたことすべてが私にとっての故郷なのだ。

戦後七〇年の沖縄の歴史はどのようなものだったのか。

皇民化教育、本土防衛のための捨石とされた沖縄戦、日本独立のため沖縄を切り捨てたサンフランシスコ条約調印、本土復帰後の安保条約と米軍基地の押しつけ……最近も沖縄人の民意を無視したオスプレイの強行配備、辺野古新基地建設と東村・高江のヘリパッド基地建設の進め方に怒りを覚えている。

琉球人・沖縄人の先祖たち、今生きる人々の怒りと共鳴しながら、私はこの本を、「在日沖縄人」として書き綴った。

ベトナム戦争の取材では、沖縄の基地に支援された米軍部隊によって、子どもを含めた大勢のベトナム人たちが傷つき死んでいく様子を目撃した。嘉手納基地を発進した大型爆撃機B52が市街を徹底的に破壊した状況も撮影した。

沖縄には「命《ヌチ》どぅ宝（命こそ宝）」という言葉がある。この言葉には、沖縄戦で多くの命を失った島の人々の思いがこもっている。それこそが、戦場を撮影してきたカメラマンとしての、沖縄への視点となっている。

いち「在日沖縄人」として、一人でも多くの本土の人々に、我が故郷・沖縄のこと、そして「私が見てきた戦争」について知ってもらうことができれば幸いである。

目次

沖縄の米軍基地

参考／沖縄県作成「米軍施設別状況」2012年現在

第１章　沖縄に生まれて

沖縄戦で焼失する前の首里城（琉球新報社『むかし沖縄』より）

饅頭の記憶、両親の思い出

私の「沖縄への想い」は、確実に両親から受け継いだものだ。沖縄の歴史小説や芝居の脚本を書いていた父・文一(本名・保田)の本籍は旧首里市鳥堀町一ノ一八。母・清(旧姓・安里)は首里市儀保町一ノ一六。父の実家は現在の咲元酒造前にあった饅頭屋「イシチャーマンジュウ」。赤く「の」と書かれた饅頭が評判で、県立一中や一高女などの入学祝いなどいろいろな祝い事によく売れた、と父が話していた。父と那覇商業の同級生で、卒業後ペルーへ行って「リマ日報社」を経営した伊集氏からの「湯気のでているあつい「の」饅頭を一緒に食べたことが忘れられない」という手紙が残っている。

私も「の」饅頭が並んでいたのを子ども心に覚えている。父は長男だったが、饅頭屋を継がず文筆業となった。私が一時帰郷した一九五七年、次男保盛は今帰仁村天底小学校の校長、三男保吉は電電公社に勤務し、長女、次女も嫁いでいたので「イシチャーマンジュウ」はなくなっていた。

一九七三年、私は撮影で、父が親しかったという瑞泉酒造の佐久本盛敦さんにお会いしたとき、「君はミンタマー（目玉が大きい）でガッパヤー（おでこが大きく前にとび出している）でハナダヤー（鼻水が垂れている）。ワタブー（腹がふくらんでいる）でウーマクー（きかん坊）だったよ」と言った。私の沖縄での幼い頃を知っている人は少ないので、盛敦さんの冗談が温かく心にしみた。

父は一九二五年（大正一四年）に那覇商業を卒業した。その後、八重山へ行き、炭鉱の事務員となったが、退職し東京の日清生命保険公社に勤めた後、京都の太秦《うずまさ》にあった日活映画脚本部に入った。辻吉朗監督とのコンビで「水戸黄門」「荒木又右衛門」等、時代物の脚本を書いた。

叔父の保吉は戦前、那覇の平和館で上演された海江田譲二主演の「沓掛時次郎」を父の友人たちと見に行き、クレジットタイトルに「脚本・石川文一」の文字が現れたとき、皆の間から一斉に拍手が沸き起こったと言っていた。

戦前の母の実家は、私もかすかに記憶がある。廊下に一個のマンゴーが紐で下がっていた光景が目に残っている。戦争で首里も廃墟となり、戦後は、小さな家に祖母と曽祖母が住んでいたので、何回か泊まった。昔は前に登記所があったという。

祖父安里昌俊は沖縄戦で六一歳で防衛隊員となり、一九四五年五月二〇日、摩文仁で戦死した。

那覇東町の道路脇市場．昭和初期だろうか．写真に見える以外にも豚肉，水を入れる大小のカメ，野菜，生活用品を売る専門市場があった．女性は籠を頭にのせて物を運んだ．戦後，祖母の家の台所にも籠があった．ベトナムや東南アジアの市場を思い出す写真だ（琉球新報社『むかし沖縄』より）

首里バスは 1935 年に創立された．私が生まれる 3 年前になる．子どもの頃，首里の観音堂付近で，バスが事故で崖下におちていた．父と一緒に別のバスの窓から眺めたその光景をはっきりと覚えている（琉球新報社『むかし沖縄』より）

母・清は首里城内にあった首里工芸（首里高女の前身）を卒業後、父・文一と結婚した。結婚後、二人は一時期、東京へ行ったが帰郷して一九三五年に兄、三八年に私が生まれた。父はその頃、那覇市の安里にあった首里バスの車庫前に住み、小説を書きながら本屋と琉球叢書発行所を営んでいた。

作家だった父

私のかすかな記憶の中に車庫と本屋が残っている。二〇年以上前に那覇で写真展をしたとき、「沖縄女性史を考える会」の島袋智子さんがみえて、智子さんが書いたエッセイをいただいた。ベトナム戦争を撮るようになった石川カメラマンが子どもの頃、安里の本屋の前で遊んでいる姿を見かけた、父親の文一さんは本の売り場でいつも原稿を書いていた、という内容だった。

他にも本屋のことを覚えている方には何人かお会いした。当時、父に来た手紙の宛書には「那覇市外安里駅前」又は「那覇市外一高女前」となっている。戦前、那覇から糸満線、与那原線、嘉手納線と軽便鉄道が走っていて安里駅があったとのこと。父の遺品の中に自分の本や作・演出をした芝居の新聞広告やチラシがたくさんあった。新聞、広告、チラシ、手紙などから当時の沖縄の様子が想像される。

本はいずれも琉球叢書発行で『護佐丸誠忠録』三〇銭とある。『琉球の傳奇小説集』『琉球の武勇傳』『大新城忠勇傳　附属伊江島ハンドー小』『毛氏の系図　忠臣護佐丸とその子孫』など。

芝居のチラシとしては眞楽座上演、石川文一作・演出による「廃藩」があり、役者は平安山英太郎、宮平壽郎、大見謝恒平、比嘉良順、知念喜康。「男ぬ心(いきがぬくくる)」には「廃藩」の五人のほかに玉城盛義、儀保松男が出演した。他にも「尚巴志王」「オヤケアカハチ」「北山興亡史」「鬼大城と川平里之子」などがあった。珊瑚座「為朝漂流記」には島袋光裕、眞境名由康、鉢嶺喜次、親泊興照、比嘉正義、宮城能造。南進座「十二月八日」には眞境名由康、島袋光裕、池原清治、鉢嶺喜次。ハナフサ団「赤田御門　怨みの仲風節」のチラシもあった。沖縄戦になる前、沖縄芝居が盛んな頃の一端が現れている。

大きく新聞の四分の一を使った映画の広告「護佐丸誠忠録」も残っていた。「沖縄で撮影、完成した琉球大史劇で、珊瑚座総出演、ミス沖縄、ホート小まかて(翁長玉枝)、金春樓つる(上間郁子)特別助演活躍。出演者・平良良勝、眞境名由康、島袋光裕、我如古弥栄、親泊興照、宮城能造、比嘉正義。監督・石川文一」と書かれている。

父・文一による琉球の時代物小説．千葉県で一緒に生活しているときも毎日机に向かっていたが原稿を買ってくれる出版社はなかった．おかげで超貧乏家庭だったが私は原稿で父の作品を読んでいた

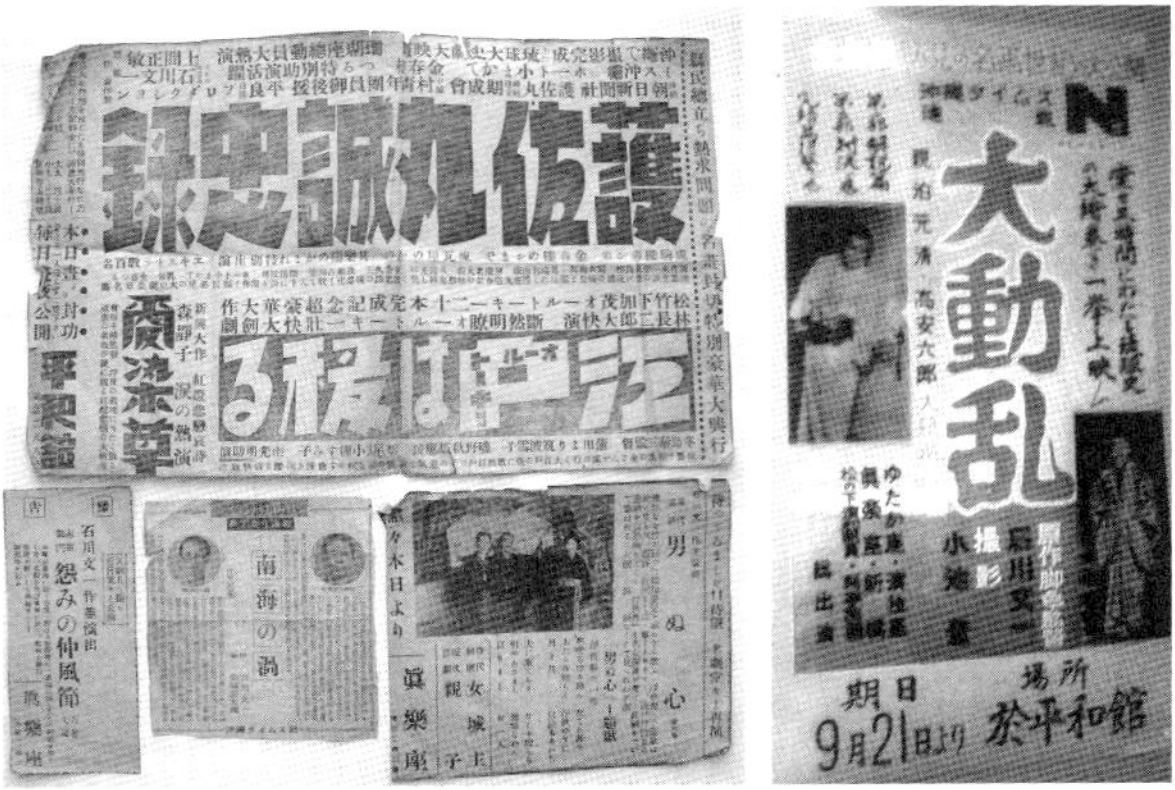

1934 年沖縄で製作された石川文一監督の 80 分長編劇映画「護佐丸誠忠録」の新聞広告．オリジナルのネガプリントは残っていないが，6 割ほどの映像が 16 ミリ複製版で残されている．戦前の首里城や中城(なかぐすく)城の風景が写っており，1995 年頃，友人の NHK ディレクター宮城信行が NHK 沖縄で放送した

一九三九年一一月一一日付、『週刊朝日』からの手紙があった。『週刊朝日』募集の「新日本文芸」に父の作品「一升田《トングダ》」が三席で入選したので写真、略歴を至急送るようにと書かれている。

同年一二月刊行『週刊朝日』の当選発表欄の切り抜きには、一席「国定忠治とはこんな男」(作・霞五郎)賞金三〇〇円。二席は三人で二〇〇円、三席八人一〇〇円。当時の一〇〇円がどれくらいの価値があったのか分からないが、永井荷風『断腸亭日乗』に一九三九年、『濹東綺譚』五〇〇〇部増刷で岩波書店から一五〇〇円受領したとある。

受賞した人たちのなかに、関東軍錦州〇〇部隊気付や満洲の大連市の住所があり、部隊名を〇〇としているところに戦中の時代が感じられた。父の住所は那覇市外安里駅前となっている。小説「一升田《トングダ》」は今、私の手元にもあるが、薩摩の侵略による人頭税で苦しんだ琉球国時代、人口の多かった与那国では食料不足のために時間を合図に水田に人を集め、入りきれなかった人を殺害。久部良にある岩礁の割れ目を妊婦に飛びこえさせ、落ちた妊婦は胎児とともに死亡するという悲しく残酷な人減らしの伝説を素材にしている。

入選を祝う葉書が数通あるが、同じく三席で住所が「関東軍〇〇部隊気付」とあった高橋正信さんから「草原と砂漠の真ん中でランプ生活をしています」という葉書があった。部隊はモンゴル方面にいたのだろうか。面識はなかったようだが、沖縄生まれという父の経歴に関心を抱いたのかもしれない。「冬でも沖縄は暖かいでしょう」と書かれている。

那覇局・野球の国場幸輝、という葉書もある。後に沖縄の高校野球、社会人野球の発展に尽力されたあの国場さんだと思う。一九五九年帰郷したとき、当時、栄町に住んでいた父のところに泊まったが、国場さんが迎えにみえて、夜の那覇を案内して下さった。

奥さんの名が皇太子妃（当時）の美智子さんと同じとＰＲし、持参のバイオリンの腕を酒場で披露した。そのずっと後、夏の甲子園大会を撮影に行ったとき、ネット裏で国場さん、石川高校の元野球部選手で、石川高校の校長もされた石川力さんほか、沖縄高野連の人々と会ったので記念写真を撮影した。

『週刊朝日』懸賞小説当選のことなどもあって父は、本土で創作活動の場を広げたいと考えて、移住を決意したと母から聞いた。父とは一八歳まで一緒に生活したが、父は沖縄に帰り、私は本土に残ったので、その後は沖縄で会う程度になってしまった。両親とも沖縄で亡くなったが、私が沖縄にいた頃の状況やその前の沖縄について二人からいろいろと聞いておけば良かったと悔いが残る。

あだ名は「オキナワ」

一九四四年四月、船橋市立八栄国民学校に入学した。私は母の安里家を継ぐことになっていたので、中学卒業まで安里姓だった。石川家を継ぐ兄が病気になったので高校から石川姓になった。

本土に来ても家庭で両親はウチナーグチ（沖縄語）。入学したとき、共通語が少し怪しかったこと、安里という姓が珍しいこともあって先輩たちから「オキナワ」というあだ名がつけられた。

沖縄出身ということで小中学時代から差別を受けたことはないし、私自身引け目を感じていなかった。高校に入ってから沖縄戦、沖縄の基地などに関心を持ち、自分からウチナーンチュ（沖縄人）をPRした。後に「オキナワ」というあだ名そのものが差別だったのではないか、と沖縄の友人から言われたことがあるが、私は差別とは受け取っていなかった。

でも、後からあれは差別だったのではないか、と考えられることが一度だけあった。中学校の同級生と森へ栗拾いに行く約束をして、その家に迎えに行ったところ、同級生の父親が、一緒に行ってはいけない、と息子に告げた。

父親は「あの子は沖縄の子だろう」と言った。それが息子を止めた理由のようだった。そのときの状況はよく覚えている。その父親は有名な国文学者だと担任の先生が言っていたので、その名前は今でも記憶にある。

故郷の「玉砕」

小学校二年生のとき、学校に配属されていた将校から「オキナワ、お前の故郷は玉砕したぞ」と言われた言葉は今でも忘れられない。当時、小学校高学年生や町の青年が校庭で木の銃や竹槍を手にして軍事訓練をしていた。

そのときは「玉砕」の意味は分からなかったが軍が全滅したことを父から聞いた。直接、戦争の被害がなかった千葉県船橋市に住んでいた私は戦争の実態は分からず、私の戦争の記憶は戦中、戦後の極端な物資不足だった。継ぎ接ぎだらけの衣類を着て常に腹を空かせていた。

とくに食料難は酷く、その経験がない今の人たちには想像がつかないだろう。米はごくわずかでサツマ芋、トウモロコシや小麦の粉、大麦などの代用食が配給になった。サツマ芋の芽をとった後、栄養分のなくなった種芋まで食べた。

兄と一緒に収穫が済んだサツマ芋、ジャガ芋畑へ捨てられた小芋を拾いに何度も行った。戦争は国を貧困にすることを知った。定時制高校を卒業した一九五七年、一五年ぶりに沖縄へ帰り、母の実家に泊まった。祖父は防衛隊員として戦死、祖母と曽祖母が二人だけでバラックのような家で生活していた。砲弾に追われ首里から南部まで逃げた様子、難民収容所での生活を言葉少なく語った祖母の話から戦争の実態を強く感じた。

自分自身の食料難の体験、戦火を逃れた祖母の話は、後のベトナム戦争取材中に目撃した民衆の悲劇と重なり私の戦争に関する考えの原点となった。その考えとは「戦争は命を奪う。個人、公共の財産、文化財、自然を破壊する。軍隊は民衆を守らない」などである。

空襲体験

戦争中、私が住んでいた千葉県船橋市は、東京大空襲で被害の多かった墨田区や江東区から一五キロほど離れていた。

空襲はなかったが、空襲警報で、父が庭につくった防空壕に一回だけ入ったことを覚えている。また、夜間、東京方面空襲の行き帰りのB29が探照灯に捕らえられながらも、高射砲の弾が届かない高度をゆうゆうと飛行している様子がたびたび見られた。

それでも時々、日本の戦闘機と交戦して機関銃の曳光弾が飛び交っていた。炎上しながらもB29が墜落せずに飛び続けているのを不思議に思ったこともある。

ある日、東京方面の空が燃えるように明るかった記憶がある。今考えると、一九四五年三月一〇日の東京大空襲の日だったと思う。私の七歳の誕生日だった。

戦争の恐ろしさを肌で感じたのは学童疎開で本土に来た兄を、一九四五年六月母に連れられて九州まで迎えに行ったときだった。兄は首里の祖母の家に残っていて、師範学校附属小四年生だった。兄が乗った疎開船は一九四四年八月、対馬丸と共に那覇を出港した三隻のうちの一隻だったか、その前後の船だったかは覚えていない。鹿児島に滞在していた母の妹のところにいたので、翌年迎えに行ったのだ。

空襲の中だったのか、その前後のことだったのか、よく分からない。それでも、兄を迎えに行った幼いときのことは、戦争を考えるうえで、もうひとつの原点にもなっている。それは大

廃墟となった首里．首里城ほか貴重な文化財も破壊されてしまった．自然は戻ったが失われた生命と文化遺産は戻らない．本土で戦争直後の破壊された沖縄の写真を見たとき，子ども心にかすかに覚えていた故郷の風景はなくなってしまったと寂しさを感じた（米国立公文書館）

1957 年に沖縄へ帰ったとき，祖母と曽祖母が首里から南部へと逃げて難民収容所に入っていた頃の話を聞いた．その後，沖縄戦に関する写真集を見たときに，その話が思い出された．そして私がベトナムやカンボジアの戦場で見た光景と同じだと思った（米国立公文書館）

左：屋根に乗った獅子像・シーサー．魔除けの意味をもつ(恩納村，1990年)．右：家と門の間に立ち目隠しの役割を果たすヒンプン．北京語の屛風(ピンプン)からきている．悪霊を防ぐ(名護市，1976年)．どちらも，沖縄と同様に中国文化の影響の大きいベトナムでも見られた

勢の命が奪われた対馬丸の沈没をはじめ、沖縄から本土への疎開船、南洋群島からの引揚船の沈没を、疎開してきた兄を通して戦争の犠牲者として身近に感じてきたからだ。

兄を迎えに行く途中でも空襲を体験した。たとえば静岡の駅周辺は空襲で焼けており建物からは炎と煙が出ていた。負傷者の体中を覆っていた包帯は血や油で滲んでいた。空襲をまぬがれた病院に運ぶためか、次々と負傷者が列車の床に寝かされた。その様子を見ていて、可哀想というより、恐ろしくなったことを覚えている。私が初めて見た戦争の生々しい犠牲者の姿だった。その後、ベトナムやその他の戦場で傷ついた人を見るとき、静岡の光景と重ね合わせることがあった。

本土の空襲が本格的に開始されたのはサイパン、テニアンの日本軍全滅後の一九四四年一一月下旬から。静岡大空襲は四五年六月一九、二〇日。大空襲で電線が切断されても、石炭機関車だから動いていたのだろう。

当時、教室には赤い顔で角が生えた鬼のような「鬼畜米英」の兵士のポスターが貼ってあった。授業が始まる前の朝礼では、校庭で「君が代」を合唱し、皇居の方向へ「宮城遥拝」が行われた。「行軍」といって遠くまで歩かされたが、戦後は「遠足」と呼び方が変わって楽しい行事となった。

八月一五日の敗戦の日はよく覚えている。団地に住んでいたが、ラジオのある家に主婦たちが集まっていた。水曜日の昼だったので男たちは仕事に行っていたと思われる。玉音放送を聞きながら泣いているおばさんたちを見て、何が悲しいのだろう、と思った。七歳の私には戦争の勝ち負けよりは戦中、戦後の貧しい食料事情の方が強く印象に残っている。

第２章　沖縄戦の記憶

壕に爆薬を投げ込む米兵．民間人がいるかもしれない

沖縄戦と「集団自決(強制集団死)」

アジア太平洋戦争では日本を含めアジアの民間人、そして様々な国の多数の兵士が犠牲になった。二〇一五年は戦争が終結して七〇年。戦争を体験した人々の数も少なくなり、戦争の記憶も遠くなっている。私はベトナムなどの戦争を撮影して「生命」がどれほど大切なものなのかを身をもって体験している。沖縄でいう「命《ヌチ》どぅ宝(命こそ宝)」である。その大切な命を奪うのが戦争である。

日本が加害者となった中国などでも多くの戦争被害が生じたが、日本国内でも悲劇は起こった。とくに地上戦となった沖縄戦は悲惨なものだった。

私はベトナムなどの戦争を取材したが、沖縄戦で起こったいわゆる「集団自決(強制集団死)」のようなことがあったという事実は聞いたことがない。沖縄の「自決」と、アフガニスタン、イラクなどのイスラム圏で起こっている「自爆」とでは意味がまったく異なる。イスラム圏の「自爆」は聖戦という宗教的な意味合いにもとづいている。沖縄の「集団自決」は、捕虜になるよりいさぎよく自決せよという日本軍の戦陣訓を民間人に強制したことが原因である。また米軍の捕虜になると残酷な方法で殺されるという噂があったためである。沖縄に配備された六二、二四師団の主力は中国からの転属であった。日本軍は、自分たちが中国で行った民間人殺害、婦女子暴行を米軍も行うと考えたのであろう。

「集団自決」といっても肉親の手による「殺人」である。親が子を殺し、夫が妻を殺す。集団で手りゅう弾を爆発させる……。

そのような悲惨なことが起こったという事実を多くの人が知るべきだ、絶対に忘れてはならないと痛感する。それが戦争の悲劇を想像する力となる。

沖縄の傷痕

昭和天皇が死去した一九八九年一月七日の午後一時頃、国際通りでは、国映館とその近くの二カ所で半旗となっている日の丸の旗を見た。その下を若者たちが、くったくなく歩いている。思っていたより旗が少なかった。

昭和の戦争で激戦地となり、多数の住民が死亡した南部と首里を回った。ひめゆり学徒隊の大勢の女学生たちが死んだ第三外科壕には、いつものように、たくさんの観光客が訪れていた。

私も何度も来たことがあるが、この日は、碑に刻まれた女生徒たちの名前がとくに印象に残った。彼女たちは、生存していれば多くの人が恋をし、結婚し、子どもが生まれ、それぞれの人生を歩むことができただろう。

一月七日は初夏のように暑かったが、八日は大雨になった。嘉手納基地の滑走路も水で光っている。巨大な米軍の基地を見ながら、これこそ、昭和の戦争の大きな後遺症だと思った。本土決戦を叫ばなければ、沖縄に日本軍がいなければ沖縄戦はなく、島も大きな被害を受けず、多数の住民が死亡することもなく、これほど大きな米軍基地がつくられることもなかったと思う。

沖縄戦で軍隊は住民を守るものではないことが証明されたが、このことは、ベトナム戦争の従軍取材中にもつくづく感じさせられた。もし沖縄が今後どこからか攻撃を受けるとすれば、それは米軍の基地、自衛隊の基地があるためであり、そのとき米軍も自衛隊も、沖縄の民衆を守ることはできないだろう。

沖縄戦のとき、私は本土にいた。だから、あの地上戦の実感がない。ベトナムの戦場で、農村の上を飛び交う砲弾や銃弾の音を聞いて、沖縄の当時を想像するだけである。沖縄戦を私自身の心に残しておくためにも、沖縄戦を体験した人たちにお会いした。老幼婦女子が巻き込まれた戦争だったからである。

数十時間にわたって話していただいた沖縄戦の内容に、私は改めて、強い衝撃を受けた。

座間味島・産業組合の壕での
「集団自決」の碑(1989年)

「集団自決」、戦争に巻き込まれての死――これは日本の起こした戦争による悲劇だと思った。一九六六年二月、南ベトナムのメコンデルタで、テト(旧正月)用の農産物を運ぼうとしている農民の集団が、米軍の武装ヘリコプターで攻撃され、カントー(ベトナム南部の都市)の病院は負傷者で溢れた。腕や足のちぎれた子どもを見て、目がくもってファインダーを覗くことができなかった。一九七九年五月カンボジアの虐殺現場に立ったとき、また、八八年に中国の平頂山へ行き三〇〇〇人の住民を虐殺した日本軍の話を聞き、その遺骨を見たときも、胸がいっぱいになった。沖縄戦の取材も、同じ気持ちにさせられ、つらいものになった。

座間味で、「集団自決」のあった山の方を見ていると、男の人が「何をしていますか」と挨拶をしてきたので、少し話を聞いた。吉元さんという男性は、母、姉、弟が日本軍の兵士が渡した手りゅう弾によって「自決」したという。吉元さんも頭を負傷したが生き残り、二〇年後に後遺症が出て、片足が不自由になった。カンボジアで、道を歩いている人に話を聞いていると、だれもが、肉親のうちのだれかを虐殺で失っていた。沖縄の人たちも、それぞれに戦争の傷痕を背負っているのだ、と思った。

平良啓子さん

塩屋小学校で教員をしていた平良啓子さんの話を伺った。

一九四四年七月七日、本土政府から沖縄県知事宛に沖縄県から本土へ八万人、台湾へ二万人を疎開させるように、という電報が届いた。それは戦力となる一七歳から四五歳までの男を除く、老幼婦女子に限られていた。すでに、米潜水艦によって輸送船が攻撃され、沖縄から本土への海域は危険な状態となっていた。八月二二日午後一〇時すぎ、疎開者、船員一七八八人が乗船していた対馬丸が魚雷で沈没した。死者一四八五人のうち児童の犠牲者は七八〇人（ただし、以上の数字は二〇一四年八月二二日現在に名前が判明している数）。

「甲板で、同じ年齢（当時九歳）のいとこの時子と祖母のひざでうとうと眠っているときに、ドカーンという大きな音とともに船が大きく揺れて、目をさましました。海水がどんどんと流れ込んできて、暗闇の中で大勢の人の呼び声が聞こえます。時子と一緒に水の上でもがいていると、空のしょうゆ樽が流れてきたので二人は夢中でそれにとりすがりました。一緒に船に乗っていた祖母、兄嫁、一五歳の姉、一一歳の兄の姿は見えません。突然、大きな波がきて時子をさらっていきました。一つのイカダを数十人の人たちが奪い合っていました。力の強い者が、弱い人を振り落としていきます。すさまじい争いでした。夜が明けて気がつくと、一〇人だけになっていました。漂流を続け、六日目の夜明けに、悪石島に流れついて助かったのは三人のおばさんと私の四人だけでした」（平良さん）

左：平良啓子さん（塩屋，1989 年）．右：対馬丸記念館で命を奪われた児童たちの写真を見ていると，生きていれば様々な人生が待っていたと思う．ポツダム宣言をすぐに受諾せず沖縄を捨て石にした日本政府に怒りを感じる（2009 年）

左：宮城初江さんと大城澄江さん．下方に座間味村が見える．1945 年 3 月 27 日，当時 24 歳だった初江さん，妹の美枝子さん，弟の茂さん，25 歳の澄江さん，24 歳の小峯つる子さんは，全員でかたまって軍から自決用に渡された手りゅう弾を使ったが不発だった．右：山の壕があった辺りを宮城初江さんに案内してもらった（ともに座間味島，1989 年）

大城澄江さんと宮城初江さん

大城澄江さん（当時二五歳）と宮城初江さん（当時二四歳）はともに村役場に勤務し、女子挺身隊に属していた。

「一九四五年三月二五日の夜、一〇時をすぎるとアメリカ軍の照明弾が周囲を明るくしました。村はずれにある忠魂碑の前に集まれという呼びかけがあり、村の人たちは家から出てきました。忠魂碑に集まるということは、自決を意味することを村の人たちは知っていました。しかし、艦砲射撃が激しくなり、村の人々は山の壕へ向かいました。

二六日、アメリカ軍が上陸し、友軍と戦闘になりました。私たちともう一人、そして妹と弟の五人は弾薬を運んで二七日の明け方まで歩きましたが、友軍とも村の人たちとも会わなかったので、みんな玉砕したのだと思い、敵に捕らわれて残酷な方法で殺されるより自決しようと、つつじの花の下に集まって、宮城（皇居）を拝し、「君が代」を合唱しました。でも、胸がいっぱいになり、最後まで歌い続けることはできませんでした。

五人でひざをついて輪をつくり、つつじの花束を中央に置いて、「日本の女性として立派に死になさい」と渡されて持って歩いていた手りゅう弾の安全装置を抜いて石に信管を打ちつけました。しかし、いち、に、さん、と三つ数えても一〇をすぎても爆発しないのです。今度は手りゅう弾を逆に持ってもう一度叩いてみましたが、それでも爆発しません。

私たちは生き残りましたが、養父母、二人の妹と弟は壕の中でカミソリによって自決を図り、弟の邦夫は死に、四人は昏睡状態になっているところを収容され、未遂に終わりました」（宮城初江さん）

宮里米子さん

座間味村民宿「米子」を営む宮里米子さんは、当時、座間味国民学校高等科の二年生、一五歳だった。

沖縄本島の上陸作戦を前にした三月二六日、米軍は、本島の西三二キロにある慶良間列島に上陸を開始した。鬼畜米英の捕虜になると、婦女子は暴行後に惨殺され、子どもや老人は股を裂かれたり、地面に叩きつけられて殺され、男はローラーの下敷きにされて海へ沈められる——このようなデマが流されていた。その結果、米軍の上陸と同時に各地で「集団自決」が起こった。渡嘉敷島で三二九人、慶留間島で五三人、屋嘉比島で二家族、座間味島で二三四人

(二〇〇七年・座間味村立平和学習ガイドブック)。

「三月二五日の夜一〇時すぎ、艦砲射撃がひどくなったので母や兄、妹たちと山へ向かいました。産業組合の壕に五歳になる弟と一緒に入ろうとすると、中にいた人(助役)が入らないようにと言ったので、五メートルぐらい離れた壕に家族一緒に入ることにしました。しばらくすると、同級生(収入役の長女)が組合壕に入ろうとしたので、彼女を呼ぶと、「米さん、さようならお元気で」と言いました。その壕に入った五九人の人たち全員が自決しましたので、あのとき、彼女は死を覚悟していたのだろうと、あとで思いました」(宮里さん)

仲村初子さん

仲村初子さん(当時二二歳)は渡嘉敷島「集団自決」の生存者だ。

沖縄戦での「集団自決」は、力の強い者が弱い者を殺したうえで最後に自殺することが多い。父は子や老いた両親を、夫は妻を、母は子を、というように殺す。

その方法も、鎌や包丁、カミソリなどの刃物で、のどや動脈を切ったり、胸を刺す。クワで後頭部を打つ、石や棒で頭を叩く。紐で首を絞める。子どもを岩の上に叩きつける。それが、あちらでも、こちらでも、集団で行われる。異常心理となり、敵に殺されるよりは、せめて自分の手でと考えての行動であろう。

この惨劇にまで追い込んだ皇民化教育や日本軍を憎み、「自決」とは絶対に呼びたくないという生存者もいる。

「三月二八日夕方五時すぎ、カーシーガーラに各部落ごと、親戚ごとに大勢の人が集まっていました。軍のだれかが捕虜になって生きるよりは……というようなことを話し、手りゅう弾が各グループに一個ずつ渡されました。村民、肉親の殺し合いが始まりました。父も妹も村民の手で死にました。母は少し長く息をしていました。私は後頭部を何かで打たれ、太股にも銃弾を受け、意識不明となり、死体のなかで倒れたままで、一週間目に助け出されました」(仲村さん)

与儀トシさん

当時三六歳だった与儀トシさんは、読谷村チビチリガマでの「集団自決」の生存者だ。

沖縄の各所に大小の鍾乳洞がたくさんあり、地元の人々はガマと呼んでいる。戦争の中で岩

左：宮里米子さん(座間味島，1989 年)．右：与儀トシさん(読谷村，1989 年)

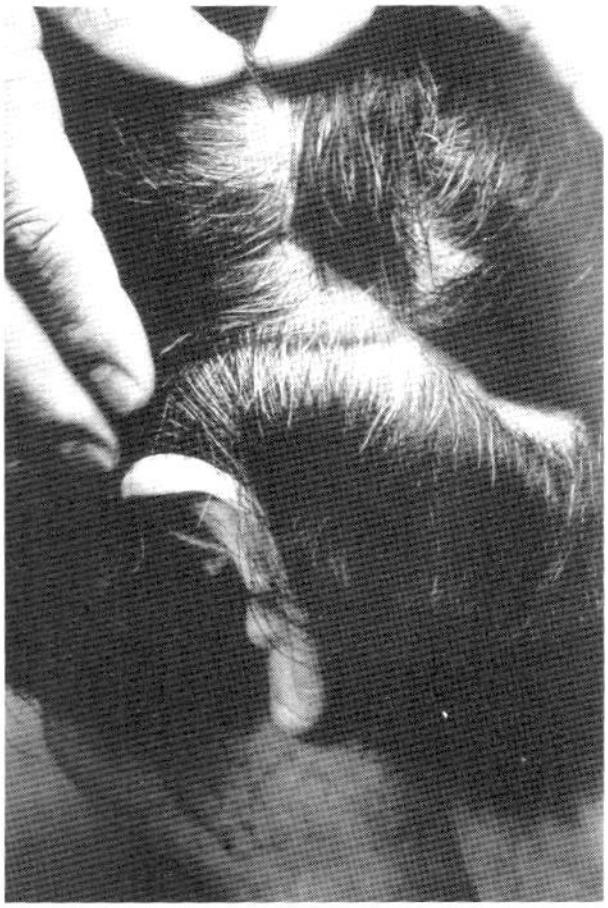

左：仲村初子さん(渡嘉敷島，1989 年)．右：「何かで打たれた」という後頭部を見せてくれた(渡嘉敷島，1989 年)

礁に覆われた大きなガマは、住民、日本兵の避難場所、軍病院にもなった。四月一日、米軍が本島に上陸したとき、読谷村波平集落の住民一四〇人は近くのチビチリガマに避難していた。翌日、ガマまで来た米軍に対し、住民の一部が抵抗し、内部では「集団自決」を図り、八三人の住民が死亡した。

「三月一〇日ごろから空襲が激しいので、チビチリガマに入っていました。昼はガマの中にいて、夜は家族の食事をつくりに家に帰りました。四月一日、上陸の日は一日じっとしていました。二日、アメリカ兵が壕まで来ました。入り口に真っ黒い煙の出る手りゅう弾が二、三個投げ込まれ暗くなったので、入り口がふさがれたのかと思いました。するとアメリカ兵たちが入ってきて、何もしないから出なさいと言って本やビラを見せようとしましたが、だれも信じないで、みんなが見るな、見るなと言いました。だれかが勇気を持ってビラを見ていたら、もっと助かったかもしれません。

ガマの中では、布団や着物などを燃やし始めました。窒息死の方が楽に死ねると思ったのです。病院から持ってきていた毒を注射している人もいました。このままではみんな死んでしまう。どうなるか分からないが出てみようと外に出ました。一〇家族ぐらいが後から出たと思い

ました。残った人は亡くなりました」(与儀さん)

安里要江さん

沖縄戦における沖縄県民の犠牲者は、沖縄守備正規軍の二倍以上となった。その大きな原因は、膨大な軍事力を持つアメリカの沖縄攻撃軍に対し、日本軍が、沖縄の少年から老人、女子学生までを動員して兵力の不足を補うことで対抗し、住民を巻き込んだ三カ月にも及ぶ長期戦争に持ち込んだことにあった。

北中城村の安里要江さん(当時二五歳)は、二人の子を連れて戦場を彷徨していたという。

「三月二三日、艦砲射撃のあった日は大里村の主人の実家に四歳になる長男と、六カ月の長女と一緒にいました。米軍は南部から上陸する、大里村は危ないというので、二四日は艦砲を避けながら軍のトラックで私の家族と喜舎場へ移動しました。

四月一日に米軍が上陸したので、首里に向かい、二週間ぐらい儀保の自然壕にいて、今度は那覇へ行き、旭公園の裏の自然壕にいて、こんどはまた大里村の実家へ向かって歩きました。三日間かかりましたが、途中は砲撃、爆撃、人や家畜の死体、負傷兵などで大変でした。六月一日に具志頭の親類を頼って、また移動しました。もうどこも安全な場所はなかったのですが、どこかに小さな希望を持って動くしかなかったのです。

そして真壁のカーブヤーガマに入りましたが、その間に、母、舅姑、兄嫁が次々と亡くなりました。暗い壕での二カ月の生活は悲惨でした。壕の中で下の子は餓死、八月二三日に捕虜収容所で夫が栄養失調で亡くなり、ちょうどその四十九日に上の男の子が死んで、私一人が残されたのです」(安里さん)

久保田エミさん

魂魄の塔で花を売る久保田エミさん(当時一四歳)は東《アガリ》の壕生存者である。

沖縄戦による県民の戦没者は、戦火によって戸籍原簿が失われているために正確に把握されていない。遺族の届け出や役場の推定などで一応、軍人軍属も含め一二万二二二八人と発表されているが、一家全滅などによる未届け、餓死、マラリア、病死なども含めるとその数はさらに大きくなるだろう。

「上陸前は爆撃や艦砲射撃がひどく、ほとんど米須の学校の近くにある東《アガリ》の壕で生活しまし

チビチリガマは静かな場所にある．しばらくたたずんでいると，ここで「集団自決」をした人々の悲しみが想い浮かんでくる．ガマの近くに住む彫刻家金城実が「平和の像」を入口に設置したが 1987 年に右翼によって破壊された．戦争の悲しみを想像できない人々である．像は金城によって再建された（2000 年）

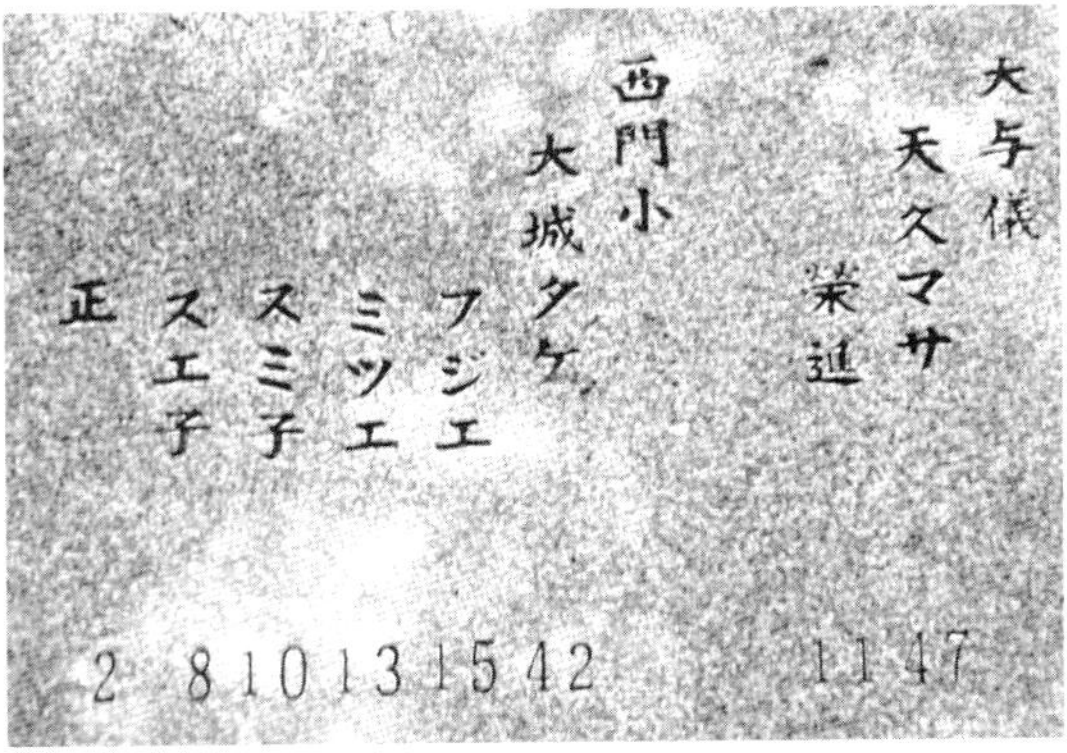

幼い年齢．子どもは「自決」できない．大人の戦争によって奪われた人生．生きていれば多くのことを体験できただろう（チビチリガマ，2002 年）

た。壕の中は二階家のように広く、奥に民間人、入り口に兵隊たちがいました。私は義母と七歳になる弟、三歳の妹、それに親戚の人たちと一緒でした。アメリカ軍が上陸してから二カ月ぐらい壕の中で生活しました。弟と妹も、栄養失調でやせて、お腹をこわし、血便を出して壕の中で死にました。

防衛隊の父が来て、アメリカ兵に殺されるより海で自決しよう、と言って、夜になって親戚の家族も一緒に手りゅう弾を持って壕の外に出ました。私たちは海の近くでアメリカ兵に挟み撃ちにされたので、手をあげて捕虜になり助かりました。壕の中に残っていた人たちは全員、アメリカ軍のガスで死にました」(久保田さん)

宮城喜久子さん

軍部は、「国家総動員法」を適用して、沖縄の一七歳から四五歳までの男を徴用し、師範学校女子部、県立第一高女にも従軍命令を出し、生徒二二二人の「ひめゆり学徒隊」が編成された。学徒隊は、卒業式を待たず、南風原《はえばる》陸軍病院に配属され、その後、南部の洞穴につくられた病院本部壕、第一、第二、第三外科壕の野戦病院に分散したが、血にまみれた負傷者を看護したなかでも、一二三人の生徒たちが戦死または自決の道を選んだ。

ひめゆり平和祈念資料館で証言委員を務める宮城喜久子さんは当時、第一高女四年生だった。

「六月一八日、第一外科壕で解散命令を受けました。男の先生三人と生徒一六人で壕を出ましたが、第三外科壕の近くで四人がはぐれました。一九日は未明から逃げましたが、早朝二人の先生は行方不明、女子学生が一人即死、二人が重傷を負いました。

二〇日の夜、荒崎海岸に来て、自決を覚悟しました。お母さんに会いたいと思いました。うさぎ追いしかの山、と「故郷」の歌を合唱しましたが、声になりませんでした。

二一日、突然、血だらけの日本兵が私たちのところへ飛び込んでくると、その兵を追ってきたアメリカ兵の連続射撃を受け、横の壕にいた師範学校女子部の三人が即死、三人が重傷を負い、そして私たちの一二人のうち一〇人が一瞬のうちに自決して、二人だけが生き残りました」(宮城喜久子さん)

「天皇の戦争」

私は国籍上は日本人だが、日本人である前に沖縄人と思っている。天皇制について、本土と

左：安里要江さん(北中城村，1989 年)．右：久保田エミさん(那覇市，1989 年)

沖縄県で最初に建立された慰霊碑である「魂魄の塔」(糸満市，1989 年)

左：沖縄戦では家族全員が命を奪われた例も多い．米須集落の地図は各所が黒く塗りつぶされ哀れを誘う．家族が艦砲の直撃弾で全員死亡．避難中に別れ別れとなった後に死亡．親子全員の「集団自決」．現在も住む人のいない空地が各所に残っている．戦争の傷跡は深い（糸満市，2004 年）．
右：宮城喜久子さん（荒崎海岸，1989 年）

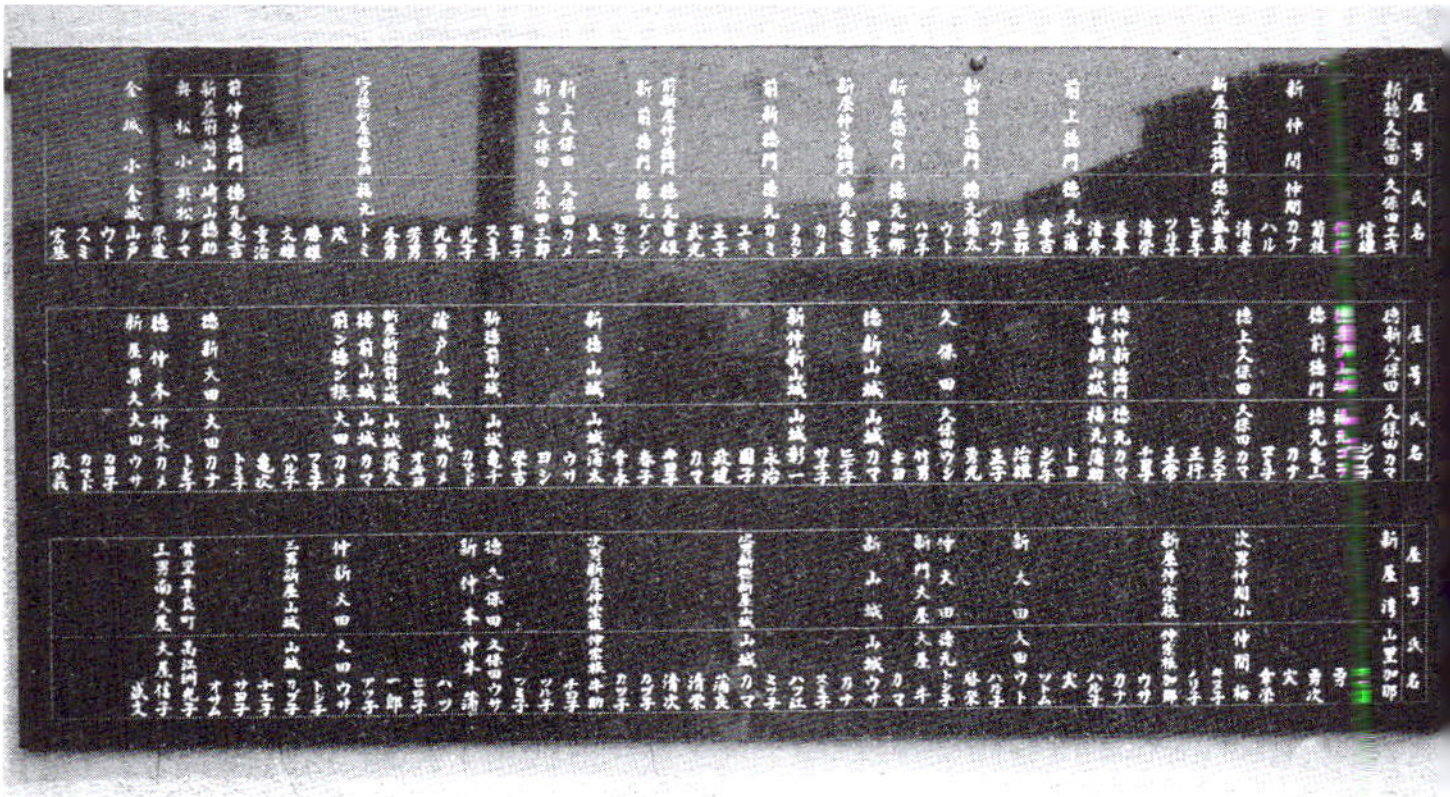

糸満市米須集落の一家全滅を含む犠牲者を記した碑．家族の年齢が記されるともっと悲劇が伝わると思った（2004 年）

同じように、沖縄にも、賛成する人も、反対する人もいる。

同じ賛成・反対でも沖縄と本土ではずいぶんと心情的に違うと思う。それは沖縄の歴史が本土とは違うからだ。明治政府による琉球併合までは琉球王国として独自の王がいたので、沖縄人は本土の天皇とはまったく無縁であった。「日の丸」と「御真影」が沖縄に来たのは、一八七三年である。当時は「来た」というような言葉を使ってはいけないとされた。「下賜」されたものを「奉戴」するのである。一般民衆に深く入ってきたのは、皇国の臣民にするための皇民化教育が強くなってからだ。昔から沖縄には、砂糖キビ以外には主だった産業はなかった。それが薩摩藩の植民地となってからは、珊瑚礁の島であるため、ただでさえ水田が少なく不足しがちな米を年貢として取られ、そのほかに琉球上布、芭蕉布、砂糖なども納めなければならなかった。そのため民衆の貧乏はひどいものであった。だから、子どもたちが教育を受ける余裕などはなかったのだ。

一八八〇年、沖縄では初等教育の就学率が二パーセントであったのに対し、一九〇七年には九二・八一パーセントと跳ね上がった。それは、沖縄人に皇民化教育を施すのが目的だった。沖縄の子どもは天皇を押しつけられたのである。だが、中等・高等教育の普及は軽視された。

左：年齢が止まった顔．ひめゆり平和祈念資料館の命を奪われた娘たちの写真を展示した部屋を回っているといつも胸がいっぱいになる．この娘たちを死に追い込んだのは日本の軍部と政治家である．生きていればいろいろな人生を送ることができた．今は曽孫もいる筈だ．そう思うと悔しい．
右：座間味の忠魂碑．戦前，忠魂碑は天皇への忠誠または日清・日露戦争の戦死者の慰霊を目的として全国に建てられた．沖縄でも各所に設置されたが，島民にとって，忠魂碑前の集合合図は「集団自決」を意味していた（1989 年）

復帰 40 年の日．「ひめゆりの塔」に修学旅行生が訪れていた．沖縄戦で犠牲になった学徒隊と同じ年頃である（2012 年）

対馬丸を沈めたボーフィン号．真珠湾に潜水艦博物館として公開されている．大勢の観光客が艦内に入って見学していた．太平洋戦争で日本の艦船44隻を沈めて活躍したとのことだが大勢の子どもたちが乗っていた対馬丸のことについては全く触れていない

一九三二年になっても、中等教育就学率は本土の約半分、高等教育就学率では本土の一割だった。

そういった中で、日本軍は侵略戦争に突入して、一九四五年に沖縄戦を迎えたのだ。この時点で、天皇制に反対している沖縄人は、そうたくさんはいなかったと思う。それまでの教育と客観的な状況がそれを許さなかったこともあるが、本土の人間から差別の目で見られることへの反発もあった。だから、かえって天皇にいっそう忠節をつくすことによって、日本人の仲間に入れてもらおうと考えた人もいたようだ。

沖縄人が天皇に不信感をもつようになったのは、アメリカ軍が上陸して地上戦になってからだと思う。アメリカ軍は上陸部隊七個師団一八万三〇〇〇人、後方の兵士を加えると五四万八〇〇〇人の大軍であった。

語り継がれる戦争の悲劇.「平和の礎」は 1995 年，アジア太平洋戦争終結 50 周年記念事業として建立された. 2014 年現在，沖縄県人 14 万 9329 人，県外 7 万 7380 人，米国 1 万 4009 人，英国 82 人，台湾 34 人，朝鮮民主主義人民共和国 82 人，大韓民国 365 人，計 24 万 1281 人の名が刻まれている. 沖縄人は本土，中国，南洋群島などの死者も含まれている(糸満市，2014 年)

ベトナム戦争でのアメリカ軍は、いちばん多かったときが一九六九年二月の五四万九五〇〇人であるからほぼ同数になる。沖縄を守備する総兵力一一万六四〇〇人の中で、三分の一以上もいた沖縄出身兵、軍属のうち二万八二二八人が戦死した。本土兵士の戦死者は六万五九〇八人だった。

それだけではない。

一般住民も九万四〇〇〇人が死亡、そして約八〇〇人の住民が日本軍によって殺されている。当時の沖縄の総人口が約六〇万人だから、記録にある数字だけでも四分の一の沖縄人が「天皇の戦争」のために死んだことになる。しかし、実際には死者は二〇万人以上とも言われている。

私自身が生まれた家はもちろんのこと、首里一帯はすべてが戦争によって破壊されてしまった。戦後に首里へ帰ったとき、幼心に覚えている家の周りの石畳のある道や、石垣の横に繁るガジュマルの樹などは跡かたもなく消え去っていた。そして、沖縄各所で目に入ったのは巨大なアメリカ軍基地とバー街だった。

沖縄の人たちは、天皇というと戦争を思い出し、「日の丸」を見ても「君が代」を聞いても、戦争を思い浮かべる人が多い。私にとっても、「天皇」「日の丸」「君が代」は戦争と重なってくる。戦争当時は沖縄にいなかったとはいえ、受難の歴史をもった島を故郷にもったからだろう。

第３章　南洋群島の沖縄人
海のむこうの戦争体験

サイパン島にある「おきなわの塔」(1999年)

南洋での慰霊祭

「沖縄の同胞たちは、南洋群島を永住の地と定め平和に豊かに生活しておりましたが、戦争は父母、兄弟が血と汗と涙で築いてきた大切な家庭、財産、多くの尊い命を奪い去りました」

二〇〇〇年六月二三日の慰霊の日、那覇市の識名霊園にある南洋群島慰霊碑の前で催された南洋群島戦没者・開拓殉難者慰霊祭で、宜野座朝憲・南洋群島帰還者会会長が追悼の言葉を述べた。

テニアン島で生まれた宜野座さんは両親、弟四人、妹三人を「集団自決」で失い「孤児」となっている。参列者皆が肉親を奪われていた。日本の敗戦時までに、南洋群島へ移った人は約六万人。そのうち一万二八二六人の沖縄人が悲惨な最期を遂げた。

南洋群島はマーシャル、カロリン、マリアナの三群島を指している。第一次世界大戦後、三群島は日本の委任統治領となり、サイパン、ヤップ、パラオ、トラック、ポナペ、ヤルートに南洋庁支庁を設置して敗戦まで統治を続けた。

沖縄からの海外移住は一八九九年に始まっている。この年、二七人がハワイへ渡った。七年後の一九〇六年には四六七〇人（うちアメリカ九二人、ペルー一一一人）と激増し、全国の海外移住者三万六一二四人の約一三パーセントを占めるに至る。当時、植民地下にあった朝鮮・台湾と委任統治地域にあった南洋群島はパスポートを必要としなかったので、移民ではなく移住としていたが、当事者たちは自らを「移民」と称していたようである。

なぜ、沖縄は移住・移民が多かったのか。砂糖以外に主だった産業のない貧しい県なので、外地に活路を求めたからだ。私なりに補足すれば、沖縄人は未知の世界に夢を抱く民族と考えられる。私も若いころ、二七ドルだけの金を持って香港へ渡った。沖縄人はあまり日本に執着心が強くなく、フットワークが軽いのだ。

南洋群島へ移住する日本人が急増したのは、一九二一年に南洋興発株式会社が創立してからである。四二年の記録では日本人は七万一六四七人、そのうち沖縄人が五万六九二七人で約八割を占めた。

沖縄からは毎年、サイパン、テニアン、ロタ、パラオへ慰霊墓参の旅が行われている。私は一九九九年のツアーに参加した。

空から見たサイパン島は蒼い海に囲まれ、椰子の木が繁る海岸線に白い波がうちつけている。

島全体に緑の樹木が多い。長さ二一キロ、幅八・八キロしかない小さな島の平和な光景から、沖縄人六二一七人を含む日本移民、日本兵、アメリカ兵、先住民族あわせて四万人以上の死者を出した悲惨な戦争があったとは、想像しがたい。

毎年、ツアーに参加している人も多い。総勢一八五人がバスに分乗してガラパンへ向かう。墓参団はそれぞれの思いで外の風景を眺めていた。墓参団が泊まったハファダイビーチホテルは、日本から水中ダイビングに来た大勢の若者たちが見られた。

七月四日、ガラパンのメインストリートで北マリアナ諸島解放記念日パレードが行われた。道路の両側には地元の人たちが見物していた。取材当時、サイパンの人口は約一万七〇〇〇人、先住民族のチャモロ人、カナカ人のほか、スペイン人、アメリカ人などがいる。

マリアナ連邦旗、星条旗を持ったアメリカ海軍のブラスバンドを先頭に行進が始まった。今回、「おきなわの塔」の前でエイサーを奉納する北谷町《ちゃたん》謝刈《じゃーがる》青年団の四〇人も、パレードに参加した。沖縄青年の勇壮な動きに観客は大喜びだった。

慰霊祭では遺族たちが「おきなわの塔」の前のテーブルに持参した菓子、果物、泡盛を供えた。黙禱、追悼の言葉、献花のあと、エイサーの奉納、墓参団の焼香と続いた。

慰霊祭に毎年参加している外間《ほかま》清徳《せいとく》さんも家族をサイパンで失い「孤児」となった。今回は妻の笑美子さんと一緒の旅だった。

清徳さんは一九三一年、サイパンで生まれた。兄二人、姉、弟と両親の七人家族だった。父親がアメリカ軍上陸前に病気で亡くなった後、母は養豚を営んで生活を立て直した。

南洋群島に沖縄人が集中したのは、貧しい沖縄を出て南洋に新天地を求めたからである。南洋の暑さに強く砂糖キビ栽培にも慣れた沖縄人はよく働いた。

生活が安定するにしたがって、家族や親族が増え、沖縄人社会が形成されていった。農業だけではなく、町には沖縄人経営の商店も軒を並べていた。

生き地獄のサイパン

漁業も沖縄人の独壇場で、糸満出身の漁民が腕をふるった。しかし、戦争は急速に迫ってきた。

楽園の夢が破られたのは四四年二月二五日である。サイパン、テニアンはアメリカ空軍による初めての空襲を受け、サイパンは急にあわただしくなった。三月三日、亜米利加丸、さんとす丸で第一回引き揚げが始まった。しかし、亜米利加丸は潜水艦攻撃によって撃沈された。引揚船だけではなく、サイパンへむかう日本軍の輸送船も潜水艦攻撃に遭った。

「海で死ぬよりは、陸で死のうと母が言って、私たちはサイパンに残りました」と清徳さんは話す。清徳さんの通っていた国民学校も兵士の宿舎となり、高学年生は飛行場づくりに動員された。

「満洲国」や沖縄戦と同じように、日本軍の中にはサイパンで徴兵された中学生、実業高校生、一般市民の男子も含まれている。清徳さん一家も長男が現地徴兵された。

六月一五日、アメリカ軍はサイパンに上陸を開始した。清徳さんは、母、兄、姉、弟、親戚の人たちとマッピ山方向へ逃げた。自然壕は避難民でいっぱいだったので、崖下に座っているとき、爆撃を受けて清徳さんは気を失った。

「気がつくと、母がものすごい形相をして座っていました。隣に兄と姉が倒れていたので、起きて、起きてと体をゆすった。二人とも死んでいた。兄嫁もこのときに死にました」

三人を埋めて数日間、山を逃げ回り一つの壕に入った。このとき清徳さんは母が兄と姉を殺したのだと悟ったにちがいない、私はそう感じたが黙っていた。

「兄嫁が死んだのでおっぱいをあげることもできず、赤ちゃんのエミコが泣くのです。兵隊がアメリカ兵に見つかるから静かにさせろと言うのですが、母が孫をぎゅっと抱きしめていると、日本兵は母からエミコを奪い、私たちの目の前で殺しました。私はそのとき、一三歳。はっきりと覚えている。もう、なんとも言えない気持ちでした」

それからも清徳さんたちは艦砲射撃、戦車砲に追われて逃げ回った。途中には腐敗し異様な臭いのする死体が散乱している。負傷した人々は手当てもできず、傷にわいた蛆を手で払いのけていた。南国の楽園サイパンは、生き地獄に変わった。食料も水もなく、飢えと渇きに、皆苦しんだ。水のあるところはアメリカ軍がいるので、危険で近づけなかったのだ。木の枝の芯をちぎって食べ、木の葉についた露を舐めた。

「玉砕命令」

清徳さんは一カ月近く逃げているうちに、痩せて体力もなくなり、小さな溝もまたぐことができず、這うようにして渡ったという。少し広い場所へ行くとそこには兵士、民間人が集っていた。

「天皇陛下から玉砕命令が下った」

将校が兵士たちに伝えたこの言葉を、清徳さんはよく覚えている。サイパン島総指揮官・南雲忠一中将が総攻撃を命令したのは七月七日。アメリカ軍はこの日をもって、日本軍の組織的な戦闘は終わったとしている。

しかし、その後も一般人の悲劇は続いた。日本軍は兵士、民間人の投降を許さず、捕虜になるなら自決せよという方針を変えなかった。捕虜になったら男は戦車で轢き殺される、女性は辱めを受けた後に殺される、子どもも殺される――というデマを民間人は信じて自決の道を選んだ。一〇カ月後に沖縄戦で起きた悲劇が、早くもここで生じていたのだ。

「兵士たちが総攻撃に出た後、民間人が集って、自決するかできるだけ生きようかと話し合っていたとき、照明弾が打ち上げられて真昼のように明るくなり、ワーという大勢の声と激しい銃声が聞こえた。日本軍が突撃したのでしょう。民間人は山の方向へ逃げました」

「山裾から海岸方向への道はサバネタ岬に出る。岬の崖に追い詰められた形となって、大勢の人々が飛び下り自殺を図ったのだと思います。私たちはマッピ山の頂上に出た。そのときはみんな死ぬつもりでいたので、暗ければ私たちも飛び下りていたでしょう。崖から下を見たら大勢のアメリカ兵がいたので、また引き返し、みんなでアダンの木の下に座りました。母の姉が「もうこれ以上逃げることはできない。ここで自決しよう。あなたはなんとか逃げなさい」と私に言いました。母も兄さんに会えるかもしれないから、行けるところまで行きなさいと風呂敷包みを私に渡しました。そして、私の目の前で一人ひとり始めました。自決です。私のほかに母、弟、伯母、伯母の娘、その娘の男の子の五人がいました。伯母が鎌のようなもので最初に母の首のところを切りました。次に自分の娘を切り、そして、自分の首を切った。孫と私の弟を切る気持ちにはなれなかったのだと思います」

このことを話す清徳さんは、当時を思い浮かべ、大変苦しそうな表情で目に涙を浮かべ言葉も途切れがちだった。南洋群島、沖縄戦でこのような体験をもっている人は、口が重く、話したがらない。心の傷としていつまでも苦しんでいるのだ。しかし、戦争を知らない世代が増えていく中で、戦争の現実を多くの人に知ってもらいたいと、清徳さんにあえて語っていただいたのだ。

その後、清徳さんは一一歳の弟と九歳の従甥を連れて、また逃げた。あちこちでバーン、バーンという爆発音が聞こえた。手りゅう弾で自決を図っている音だ。三人は焼かれた砂糖キビ畑に出てしまい、アメリカ兵に見つかった。アメリカ兵は空に向かって銃を撃った。従甥はその場で動けなくなって、捕らえられた。清徳さんと弟は、また山の中へ逃げた。山の中は死体だらけだった。清徳さんは死んだ日本兵のポケットにあった乾パンを食べた。逃げているうちにアメリカ軍の倉庫のような建物を見つけ、夜になるのを待って中に入ると、缶詰がたくさんあった。

腹いっぱい食べているうちに夜が明けたので、近くのススキ林のようなところに隠れていると、アメリカ兵に見つかり手りゅう弾を投げられた。三発目の手りゅう弾で弟が死に、清徳さんは収容所に連れていかれた。

家族の魂に会う

清徳さんの妻の笑美子さんによると、清徳さんは血を見るのを恐がるという。「血を見ると、さっと顔が青くなります。だから、子どもの傷の手当ては私がするんですよ」と語る。

「母たちが自決したとき、たくさんの血が流れているのを見ているから、そのことを思い出す。戦争の後遺症かもしれません」

私に清徳さんに尋ねてみた。「親が子を手にかけるのはどのような気持ちからだと思いますか」と。

「子どもを殺して自分だけ生き延びようという親はひとりもいない。自分も死を決意して子どもたちをこれ以上苦しませてはいけないという気持ちでしょう。殺されるのなら自分の手で安らかにという、親の愛情だと思います。泣きながら子どもを殺している光景を、数カ所で見ています」

清徳さんは続ける。

「墓参は元気なうちは続けるつもりです。サイパンへ来ると、ひょっとしたら母、兄、姉、弟たちに会えるのではないかという気持ちになる。実際にはあり得ないが、せめて魂にだけでも会うことができればという思いです」

テニアンへ

石川市（現うるま市）に住む石川力・静子夫妻も、南洋群島からの帰還者である。力さんとは、一九九九年、サイパンで催された南洋群島合同慰霊祭で再会した。初めてお会いしたのは七八年、力さんが審判員として参加していた夏の甲子園球場だった。力さんは一九五二年、第二次予選東九州大会に沖縄から初めて参加したときの石川高校のレギュラー内野手。石川高校校長、県高校野球連盟会長も務めた。

サイパン島のマッピ山の麓に建てられた「おきなわの塔」の前で遺族二三五人が参加して行われた合同慰霊祭の翌日、テニアンでの戦没者慰霊祭に参加する人々に同行した。テニアンでの沖縄人の犠牲者は一九三七人。そのなかに力さんの兄、二人の姪も含まれている。

テニアンの「おきなわの塔」は多くの人が自決したカロリナスの崖の近くにある。約七〇人の遺族たちは沖縄から持参した菓子、泡盛、花を塔の前に供え、献花と焼香が続いた。伊豆大島とほぼ同じ大きさのテニアンには、かつては甘藷農地が整然と広がり、製糖産業はサイパンを上回っていたというが、今はギンネムなどの雑木が生い茂っていて畑は少ない。

広島、長崎への原爆搭載機の発進地となったハゴイ飛行場の滑走路を通って海岸へ出ると、サイパンが見える。力さんの家があった場所は雑木が茂って近づけないので、夫婦は近くから家の方向に手を合わせた。サイパン、テニアンの慰霊祭から戻って、石川夫妻に当時の様子をうかがった。戦前の沖縄農民は現金収入が少なく、高い税金のもとで自給自足の生活に追われていたが、サイパン、テニアンに移住すると農業でも商業でも働けばそれだけ収入が増えた。マンゴー、パパイヤ、パイナップルなどの果物も豊富に実り子どもたちを喜ばせた。南洋興発の第一回募集で沖縄からサイパンへの第一陣五四〇人が渡ったのは一九二二年。その後、沖縄人は増加の一途をたどり、テニアンへの移民も増えた。

しかし、先に見たとおり、南洋群島の移民たちに戦争は一気に押し寄せてきた。

米軍から逃れ、水を求めて

一九四四年二月、アメリカ軍によるサイパン、テニアン空襲が始まる。七月二四日の早朝には、アメリカ軍がテニアンに上陸した。

その日、両親、力さんと六人の兄姉の一家は山の洞穴に避難していた。日本軍の将校と下士官が来て、兄の儀雄さんを「今日からお前を私の部下にする」と言って連れて行った。その夕方、砲弾の破片に身体を貫かれた儀雄さんの遺体がタンカで担がれて戻ってきた。力さんは八歳、儀雄さんは二八歳だった。

長姉・ハツさんの子、三姉のユキさんの子は洞穴の中で亡くなっている。力さんはあちこちに死体が散乱している様子を見たが、次第に何も感じなくなってきた。「自分もみんなもいずれ死ぬのだという気持ちだった」と力さんは話す。

力さん一家も自決の覚悟を決め手りゅう弾を持つ兵士を囲んだ。しかし、一個の手りゅう弾で全員は死ねないと言われ洞穴を出た。その後、ドカンと音がした。兵士が自決したのである。

テニアンから帰った与那覇政信さんは北谷町史の中で「親が子どもを海に投げ込んだのか、海面に子どもの死体が沢山浮いていた」と記している。同じく北谷町の崎浜ツルさんは七歳と生後五カ月の子を連れて逃げた。カロリナスの崖では先に来ていた人々がアメリカ兵に殺されるよりはと、列をつくり次々と海に飛び下りて自殺していく様を目撃している。

避難中、食料よりも水に苦しんだという証言が多い。サイパン、テニアン共に水が少なく、当時はタンクに雨水を溜めて生活用水としていたが、戦闘の最中に水源はアメリカ軍の手に落ち、タンクは破壊された。戦火を逃れた人々はのどの渇きに苦しみ、そのために死んだ人もいた。力さんも「三日三晩、一滴の水も口にできなかった。食料は兵士の野戦用の乾パンなどがころがっている。しかし、それを食べるとよけいにのどが渇く。どうせ死ぬのなら、水を腹いっぱい飲んで死にたいと思った」と語る。夜、小さな水たまりの水を飲んで、翌日そこを見たう死体から流れた血だまりだったという話を聞いたことがあるという。

捕虜になったとき、水の入った缶が並んでいた。毒が入っているから飲むなという大人がいた。するとアメリカ兵は自分で飲んで「ダイジョーブ」と言った。力さんは一度に一升飲んで、腹をこわしてしまった。アメリカ兵に対する恐怖感、捕虜になる前に自決せよという軍の方針を信じ込まされた多くの民間人が子どもと共に自決の道を選んでいる。

「死ぬことへの恐怖もなくなった」

静子さん一家は、親族とともにサイパンのサバネタ岬近くで大きな農場を運営していた。静子さんの旧姓は久高。両親、兄、二人の妹と弟。長女の静子さんはそのとき八歳だった。アメリカ軍空襲のころ、「何度もマッピ山に避難し、警報が解除になると家に戻ってきていました。アメリカ軍上陸の前、艦砲射撃が激しくなると、昼間は山の岩の奥に避難し、大人は夜になると家へ食料を取りに行った」という。

アメリカ軍が上陸してからは祖父母、両親、兄弟、妹、叔父、叔母とその家族十数人が行動を共にし、山、海岸のアダンの木の間、珊瑚礁の岩陰を歩き、洞穴の中に隠れた。

合同慰霊祭．南洋群島の生活体験者も年々，少なくなっている．南洋群島の戦争の悲劇は島を訪れた人から次の世代へ引き継がれる(1999 年)

南洋群島合同慰霊祭．おきなわの塔の前の外間清徳さん・笑美子さん(1999 年)

1919 年，日本は第一次世界大戦で敗戦国ドイツからグアムを除く南洋群島を獲得した．政府は南洋庁を開設．サイパン，ヤップ，パラオ，トラック，ポナペ，ヤルートに支庁を設置し国策として砂糖生産を進めた．移民の中心は製糖に慣れた沖縄人だった．平和な島は戦争で悲劇の島と化した．多くの人が飛び下り自殺を図ったサパネタ(バンザイ)岬(1999 年)

240 メートルのマッピ山．大勢の人が頂上から飛び下りたので米軍はスーサイドクリフ(自殺の崖)と呼んだ(1999 年)

左：幼いころの外間清徳さんの写真．右：サイパン時代の外間さん一家の写真

洞穴に避難しているとき、近くに撃ち込まれた砲弾の爆風で一番はじめに兄が亡くなった。「夜になってから父は、家の近くに葬ってこようね、と言って兄を運んで行きました」。

　その後も、両親は幼い子を背負い、手を引いて安全な場所を求め逃げ続けた。静子さんは親の後をついて歩くのが精一杯だった。

　崖下の波打ち際の岩を歩くときは落ちないように岩にしがみついたり、横歩きをした。履いていた靴もいつの間にか失い、裸足になっていた。海にはサバネタ岬から飛び下りた人たちのたくさんの死体が浮かんでおり、岩の間にゴロゴロと横たわる死体を避けながら歩いた。

「死体を見ても恐いと思った記憶はない。自分たちも死ぬのだという気持ちでした。死に対する恐怖もなかった」

日本軍司令部前の観光客．マッピ山の下には第43師団(斎藤義次中将)を中心とした日本軍の司令部があった．総勢3万1629人．米軍は2個海兵師団を含め総勢6万6779人．1944年7月7日「バンザイ突撃」で戦闘は終了した．日本軍戦死者約3万人．民間人死者8000〜1万人のうち沖縄人は6217人だった(1999年)

テニアンから見たサイパン島．テニアンとサイパンの距離は約5キロ．戦前は両島を渡船がひんぱんに往復した．米軍はサイパンに上陸後，大砲陣地を構築してテニアンを砲撃した(1999年)

サイパンでの慰霊祭で奉納されたエイサー．北谷町謝苅青年団が「おきなわの塔」の前で舞い，多くの人が見守った(1999 年)

と静子さんは語る。

「デテコイ、デテコイ」というアメリカ兵の声も静子さんの記憶に残っている。しかし、アメリカ兵は恐いと思っている人たちにそれを難民救助の声と聞く人は誰もいなかった。周辺の死体を見て、いつ死のうかと、みんなその時期ばかりを考えていた。

最後に「水をたくさん飲んでから死のう」ということになり、静子さんの父は「水を汲みに行ってくるから待っていなさいね」と言って、二人の叔父たちと水場へ向かった。それが父の最後の言葉となった。叔父二人が帰ってきて、「弾にやられた。家族をよろしくと言って死んだ。背中から撃たれていた。蝿がたかるといけないから遺体を

テニアンの慰霊祭．戦前のメインストリートの写真には人々の穏やかな表情があった．戦争は全てを破壊した（1999年）

海へ流した」と叔父は言っていた。「母が髪を振り乱してオロオロと泣いている姿を覚えています」。叔父たちが、父は友軍（日本軍）に撃たれたと話しているのを静子さんは聞いている。

母親の乳は十分に出ない。幼い子は空腹とのどの渇きで泣き声をあげた。アメリカ兵に追い詰められ、日本軍兵士も民間人も同じ場所に避難している。そんなとき、兵士は幼児の泣き声に神経をとがらせた。日本兵や、捕虜となってアメリカ兵に殺されるよりは、先に自分の手にかけて後で自分も死のうと親が考えるのが、当たり前のような状況になっていた。

家族を殺し、自分の死に場所を求めているときに捕虜となり、戦後、平和の戻った生活の中で、

避難中，全ての人がのどの渇きに苦しんだ．井戸の前で犠牲者に祈りをささげる石川力さん・静子さん夫妻(1999 年)

ずっと悔いの念に苦しみながら生きた人もいる。一人の生存者もなく全滅した家族もある。

「先に行ってなさいね」

静子さんの祖父が「政松(静子さんの父)も死んだ。水も飲んだ。死ぬ前に体を清めよう」と言って、みんなで海におりた。浮いている死体をよけて水を浴びる場所をつくり、海水で体と頭を洗った。

その後、静子さんは遺体となって木陰に寝かされている一歳半の弟と三歳になる妹の姿を見た。なぜそうなったのか、静子さんの話ははっきりしない。

「お父さんが手にかけたのですか」

「いいえ、父ではありませんでした。何人か大人がいましたが、私は離れていたので」

テニアンの生存者，遺族による慰霊団．年々，生存者も少なくなっていく．体の続く限り毎年参加するという人もいる．6月23日，慰霊の日には那覇市識名霊園での南洋群島慰霊祭の後，パシフィックホテルで懇親会が催されている(1999年)

テニアンの慰霊祭で弔辞を述べる森山紹一さん．自ら弟を手にかけ自決を図ったが生き残ったことを悔いる人生を送った．テニアンは他の島同様製糖が主な産業だが，中心のすずらん通りには沖縄人経営の映画館地球一劇場，芝居の球陽座，仲本泡盛醸造所，久米ソバ，比嘉アイスなどの店もあった(1999年)

日本軍司令部跡．テニアンの日本軍は長野県の松本50連隊（隊長緒方敬志大佐）が主力だった．米軍はサイパン戦が終了すると1944年7月24日，テニアン攻撃に移った．圧倒的軍事力で日本軍は全滅．カロリナス高地に追いつめられた民間人は崖から飛び下りた．米軍は初めてナパーム弾を使用した（1999年）

「父親は、その前に亡くなっているから」という力さんの助言を聞いて、私はアッと思った。お母さんだったのだ。でも、静子さんはそのことを言葉にすることはできないのだろう。そのことは伏せて静子さんは、「自分の子が日本兵に殺されているのを見て、叔母が気が狂ったようになった様子を、母は見ていた。だから子どもに対しては、いずれ自分たちも行くのだから、先に行っていなさいねという気持ちだったと思います。あの場面のことがずっと頭から離れない」。

祖父が「最後にもう一度、自分の家を見たい」と言って陸の方へ上がって行った。

テニアンのハゴイ飛行場．日本軍が民間人を動員して造ったが占領した米軍は滑走路を拡大強化．原爆を搭載したエノラゲイが広島へ，ボックスカーが長崎へ向かった．米軍の原爆投下，東京大空襲など，空襲は民間人に対する大虐殺である(1999年)

リメンバー・パールハーバー．真珠湾には沈没した戦艦アリゾナが日本軍による奇襲攻撃の象徴として残してある．海上の記念館の壁には犠牲になった兵士と民間人，2404 人の名が刻まれている．真珠湾攻撃は米国に打撃を与え日本に有利な条約を結ぶという国益のためだった．結果として日本の国土は破壊され多数の人が死に国益とならなかった（ハワイ，1990 年）

しばらくして祖父は水の入ったアメリカ軍の水筒を持って帰ってきた。「アメリカ軍がいるからみんなで一緒に行こう」「殺されないかな」「ここで死んでも、向こうで死んでも同じだから、死ぬのなら自分の家が見えるところに行って死のう」と家の近くまできたところで捕虜となり、静子さんたちは収容所に連れていかれた。

収容所での母親は放心状態で、木陰で木にもたれてぼんやりとしているときが多かった。栄養不足で痩せ細っていた五歳の妹が亡くなった。戦火の中をせっかく生き残りながら体力が減少して収容所で死んだ子どもも多い。

石川力さん、久高静子さんはテニアン、サイパンでそれぞれにつらい体験をしただ、当時はお互いの存在を知らず、一九四六年にそれぞれ引揚船で沖縄へ帰り石川市のキャンプに入った。

静子さんが一〇歳のとき、母は再婚し、祖父母の家から学校へ通った。母の再婚により妹二人、弟一人の異父弟妹ができていた。母親が心に受けた傷でつらい気持ちのまま生きていることを察しながらも、母を恨んだ時期もあった。母親は五三歳という年齢で病没した。「妹と弟を失い、ひとりになった私のために母親が弟、妹をつくってくれた。今では母を理解し、これでよかったのだと心から思っています」と静子さんは話す。異父の弟は亡くなったが、妹たちとは頻繁に会っており仲がよいという。

力さんとの出会いは石川中学校だった。静子さんは早生まれなので同期になる。部活は家事部に入ったが、野球部の手伝いもしていた。「今でいうマネージャーかしら」と静子さんは語る。二人とも石川高校に進んだ。その後、琉球大学生となって那覇に下宿した力さんは、いろんな女友だちに手紙を書いたそうだが、返事がきたのは静子さんだけだったとのこと。そこから那覇と石川市での文通が始まり、力さんが琉球大学を卒業し石垣市の伊原間小中学校の教諭として赴任したときに結婚した。そのとき初めて、お互いが南洋群島生まれであることを知ったという。現在は四人の子と八人の孫に恵まれ、正月、清明祭などで家族がそろうと騒々しいほどにぎやかになる。

「事実を話しておかなければ」

取材を終えて帰ろうとしたとき、静子さんは意を決したように真剣な表情で「妹と弟は母の手によって死にました」と語った。静子さんにとって、その場面は思い出すだけでもつらく悲しい。親はもっと苦しんだだろうと思うと、言葉にすることもできなかった。

「だから、そのことは言わないつもりだったけど、事実を話しておかなければならないと思いました」

言葉にするためには、私たちの想像を超える勇気を必要としただろう。隣にいる力さんが目頭を熱くしている様子が見てとれた。

静子さんがそのことを初めて夫に話したのも、一九九九年の現地慰霊祭でのことだったという。沖縄戦、南洋群島戦で静子さんと同じような体験をしている人は大勢いる。そのほとんどの人が、口を閉ざしたまま他界していく。

とぎれとぎれに語る静子さんの様子を見ていて、あらためて戦争の後遺症の深さを思い知らされた。

第 4 章　ベトナム戦争と沖縄

嘉手納基地で戦闘機に乗り込む米兵（1969 年）

トンキン湾事件

私は一九六四年八月八日、初めて南ベトナムのサイゴン(現ホーチミン市)の地を踏んだ。八月二日と四日に、米駆逐艦が北ベトナム沖トンキン湾をパトロール中、北ベトナム魚雷艇から攻撃を受けたとする「トンキン湾事件」が起きた。五日には、その報復として、北ベトナムへの爆撃が行われた。サイゴン入りは、その三日後のことであった。

トンキン湾事件は、日本でも大きく報道された。五日付『朝日新聞』夕刊は、「トンキン湾で再び交戦」「二魚雷艇撃沈」「米、北ベトナム軍の攻撃と断定」、六日付朝刊も大きな記事で「報復爆撃」とワシントンのアメリカ政府発表を掲載している。そのとき私も「報復」を信じていた。

当時、米議会も「魚雷艇による攻撃」を「真珠湾攻撃」同様に受け止め、八月七日の上院で八八対二、下院で四一六対〇で「北ベトナム海軍は公海上の米艦艇を国際法に背いて繰り返し攻撃した。これはアジア近隣諸国に対する計画的・組織的侵略行動の一環である。アメリカ大統領は東南アジア諸国防衛条約加盟国の自由防衛のための武力行使を含むすべての必要な措置をとる用意がある」とする「トンキン湾決議」を可決した。大統領は、「共産軍による侵略」阻止のためあらゆる武力行使ができる権限を、議会に認められたのである。ジョンソン大統領はその後、一九六五年二月からの恒常的北爆、三月には沖縄からの海兵隊派兵をはじめとする米軍の増強と、ベトナム戦争を拡大させていった。

しかしその後、北ベトナム外務省の「トンキン湾事件白書」、アメリカ政府の「ベトナム秘密報告」「マクナマラ回顧録」などから、北ベトナム魚雷艇の四日の攻撃はなく、アメリカのでっちあげだったということが判明した。

ベトナム戦争の拡大は、沖縄にとっても多大な影響を及ぼしていた。

B52の恐怖

一九六九年二月四日、多くの曲折を経て実行された嘉手納基地包囲の統一行動の当日は、朝から雨が降っていた。

沖縄の人たちが、基地反対の声を金網の外からぶつけたとき、「黒い空の要塞」B52は、その民衆の声を押しつぶすような轟音をひびかせてデモ隊の頭上を飛び越え、南ベトナムへ飛んだ。それはあたかもB52撤退を叫ぶ沖縄の声に挑戦するかのように、空の彼方へと黒い煙の尾を残して姿を消していった。

私は、四年間のベトナム従軍取材生活を終えて帰国後まだ二カ月しか経っていなかったが、ベトナムでの戦争の臭いを、沖縄で再び生々しく感じたのだった。南ベトナムの首都サイゴンで生活しているとき、夜明けになるたびに、家を揺るがすようにして響いてくる、にぶい爆発音を毎日聞かされ、そのたびに目が覚めた。その音が、カンボジアの国境付近の森林地帯へ落とされるB52の巨大な爆弾の炸裂音であることは、ベトナム市民も分かっていた。

しかし、南ベトナムでは上空を飛んでいるB52を見た人は少ない。夜間の爆撃が多いせいかもしれない。私も一度、ベトナム上空のB52の写真を撮影したいと、その機会を狙ったがとう とう実現しなかった。そのB52を沖縄で、あまりにも間近に見て、黒く巨大な機体の堂々たると表現してよいほどの存在感に、まったく圧倒されてしまった。

次々と飛び立ってゆくB52を見て、横にいた沖縄タイムス嘉手納支局長の玉城真幸氏に「すごいですね」と言うと、「ベトナムで爆撃による民衆の苦しみを見てきたあなたが、感心をしていたのでは困りますね」とたしなめられたのを覚えている。

同じ生活をしていても、嘉手納に住んでいなければ本当のＢ52の恐怖は分かってもうえないと玉城氏は続けた。「過去に事故を起こしているＢ52が、今度はいつ、自分たちの家の上に落ちるか分からないという恐怖感は、けっして慣れることのできない、耐えがたいものです」と、嘉手納の人々も口々に語った。

戦争を身近に感じる沖縄の人々

一九六八年一一月一九日、嘉手納飛行場を飛び立とうとしたＢ52は、機体を一六号道路の土手にぶつけて炎上した。次々と誘爆する爆弾の音を聞いて、「沖縄戦の当時を思い浮かべて、背筋が凍るような戦慄を覚えた」と語る老人にも会った。このように、沖縄の人たちが基地を考えるとき、すぐに太平洋戦争と結びつけて考えるところに、本土と沖縄の基地に対する考え方の違いがある。

また、ベトナム戦争に対する考え方にしても、本土と沖縄では大きく異なっていた。本土でもベ平連、学生ほかベトナム戦争に反対していた人が多いことは承知している。しかし、私は東京でベトナムの話をすると、失望を感じることがあった。人々はメディアの報道を通してべ

B52は1965年7月28日に初めて嘉手納基地に飛来し，1970年10月6日に撤退した．燃料の補給なしで1万9200キロ飛ぶことができ，爆弾33トンを積むことができる(1969年)

トナム戦争の動きをかなり知ってはいたが、それははるか海の向こうの問題として考えていた人が多かった。たしかに、海を隔てた日本での感覚は、陸続きであるタイやラオス、カンボジアといった国々とは違うのは当然だろう。だが、同じ海を隔てている沖縄の人々は、それを本土よりももっと身近なものとして真剣に考えていた。

その理由は二つある。一つには、自分たちの戦争経験から、同じように地上戦に巻き込まれたベトナムの民衆の悲劇を体で理解できていたからである。燃える家、防空壕の中で震える農民、銃弾で傷ついた肉親にとりすがって泣いている子どもたち——こうしたベトナム戦争の写真を見るとき、沖縄の人々は心から同情するが、それは彼らが受けた経験を通してベトナムの人々の苦しみを、自分たちの身に置きかえることができるからである。戦争を知らない戦後の若者も、彼らの生活の周辺にある、そうした空気を肌で受け継いでいる。

さらにもう一つの理由は、沖縄の基地の動きによって、ベトナム戦争の動きを察知できるからである。B52が嘉手納を飛び立った翌日の新聞には、外電でベトナムのB52爆撃が報じられ、人々はそれが前日、自分たちの土地から飛んでいったB52が落としたものであることを知る。サイレンを鳴らし続ける救急車の往復が、嘉手納飛行場と軍病院の間で激しくなると、北部戦線のケサン周辺の激戦、サイゴンの都市攻撃と、戦争が激しくなったことを人々は理解するのである。国道一号線沿いにある牧港兵站部の基地内には、ベトナムへの補給を待つ物資が山のように積まれているし、那覇の軍港には地雷で大破した大型戦車、銃弾の跡も生々しいジープが山積みされている。破壊されたジープやトラックは、基地内で働く沖縄の人々の手によって修理され、再びベトナムへと送られていく。

このように、沖縄の人々の周辺には絶えずベトナム戦争が密着していた。自分たちの土地、自分の手が直接ベトナム戦争に関係し、それによって、間接的にせよベトナムの民衆が傷つく

キャンプ・ハーディーでのヘリコプター作戦訓練．東西冷戦の続く中，アメリカは「太平洋の要石」として沖縄の基地がいかに重要であるかを強調した．そしてベトナム戦争では徹底して沖縄を利用した（宜野座村，1969年）

キャンプ・ハーディーでの戦場説明．ベトナム戦争体験者である教官が現地の状況を説明する．地図にはカンボジア国境の激戦地C戦闘ゾーン，D戦闘ゾーン，17度線非武装地帯などが表示され，ベトナムにいるような錯覚を覚えた（宜野座村，1969年）

ということに、みずからも傷ついている人が多かった。沖縄に駐留していた第三海兵師団のベトナムへの移動によって、それまで栄えていた辺野古の久志にある歓楽街がゴーストタウンのように寂れているのを見たが、米軍によって利益を得ている歓楽街その他の人々も、基地で働く人たちも、基地によって左右される不安定な生活から、一日も早く自分たちの土地に根ざした生活がしたいと願うのは、自然のことだろうと思う。

基地内の米兵たち

沖縄のアメリカ軍基地ではどんな訓練が実施されているのか——沖縄の基地内の取材を、一九六九年二月に行った。

午後三時ごろ、嘉手納飛行場から約二〇〇メートル離れたところにある知花弾薬庫から、大型トレーラーが爆弾を満載して一六号軍用道路を横切ってきた。B52の出発前に爆弾を積むのだ。まもなく、ものすごいエンジンの始動音が聞こえた。黒い機体がすさまじい爆音をたて、私たちの上を覆いかぶさるように飛んだ。それは大きく見事だった。羽をつけた鋼鉄のビルが立ちあがったように不気味であった。

嘉手納飛行場には、二二機のB52が常駐しており、毎日午前四時、午後四時と二回飛びたち、八時間後に帰ってくる。まず燃料を積んだKC135が先に飛び、そのあと三機ずつ二回、計六機編成で攻撃地へ向かうのだ。

B52の取材は、沖縄では厳しく監視されていた。米軍司令部の報道調整官は、私の出した取材内容に快く協力してくれていた。しかし、B52の爆弾を積むところ、パイロットの搭乗、B52の内部撮影は許されなかった。

海軍病院を取材していると、テレビにじっと目を向けてはいるが、何か考えごとをしているような兵士がいた。「ホーボー・ウッドで、ベトコンのAK47にやられた」という。銃弾は肩から胸を抜けていた。心臓をはずれたので助かったという。AK47というのは、ソ連で初めて造られた共産圏共通の銃であり、中国でもコピー型が製造されていた。

ホーボー・ウッドというところは私もよく知っていた。サイゴン西方、カンボジアとの国境の途中、三五キロのところにある森林地帯である。その近くには米二五師団の基地があったが、解放軍の地下道が掘りめぐらされ、地雷と罠でいっぱいの危険な場所であった。傷が治ったらまた同じ部隊に行かねばならないと、彼は寂しそうに笑った。

沈みがちな雰囲気の病院とはちがって、キャンプ・ハンセンの中は活気があった。ベトナムの北部戦線から帰ったばかりの兵士たちは、荷物の検査を受けるために並んでいた。海兵隊の迷彩服も軍靴も泥にまみれている。顔はひげだらけだ。写真を撮ろうとすると、「おい、俺を撮ってくれ、どこの新聞に載るんだ」とあちこちで叫んでいる。ＰＩＯ（報道担当）の軍曹が「カメラのほうを見るな、きちんとしろ」と怒鳴った。兵士たちは一瞬からだをまっすぐにのばしたが、くすくすと嬉しそうな笑みを我慢できない。妻は日本人というＰＩＯの軍曹は「彼らは生きて帰ることができた。非常にラッキーだ。あと二日で本国へ帰れるのだから、嬉しくなければ不思議だよ」と言った。

ベトコン村

キャンプ・ハンセンから北へ行ったところに、グリーンベレーのトレーニング場、キャンプ・ハーディーがある。ここはジャングル戦のトレーニング場になっていた。

キャンプ内には「ベトコン村」がつくられ、落とし穴、天井から落ちてくる釘のついた板、入り口にしかけられた罠などが、いくつも造ってあった。

沖縄のベトナム最前線．ベトナムとラオス・カンボジア国境近くには，ホーチミン・ルートからの解放軍の侵入を警戒する小さな基地が各所にあった．それに似せた基地がキャンプ・ハーディーに構築されていた（宜野座村，1969 年）

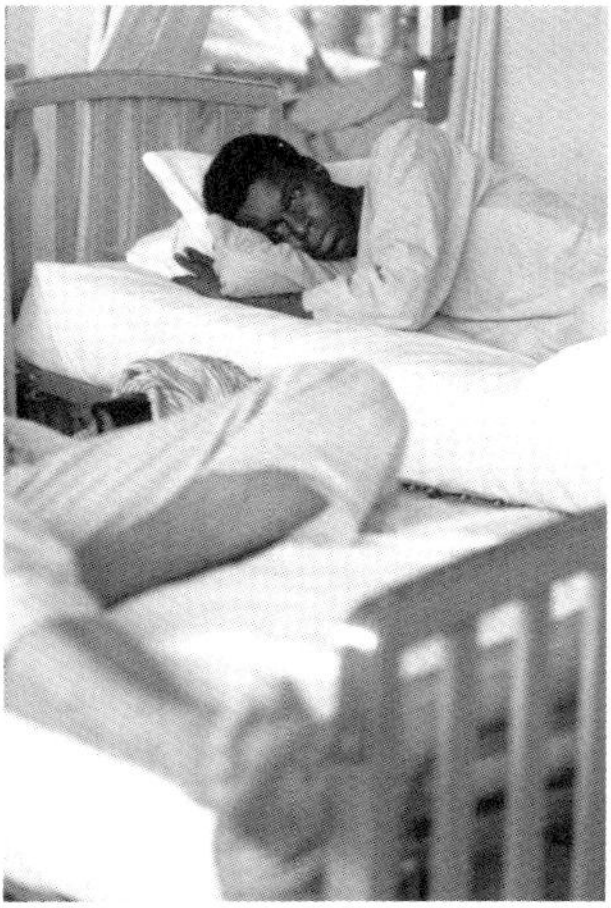

左：キャンプ・ハーディーのベトコン村．第 1 特殊部隊（グリーンベレー）の訓練場にベトナムの農村が再現され，解放軍がしかける落とし穴やブービートラップ（罠）の対策訓練がおこなわれた（宜野座村，1969 年）．右：北谷病院にいた負傷者．ベトナム戦争での米兵負傷者は 30 万人以上．戦闘不能者は本国へ帰還させられるが，重傷者でも治療後に戦闘可能と見なされると，再びベトナムへ送還される．嘉手納基地と北谷軍病院間の救急車の往来が忙しくなると，戦争が激しくなったことを知った（1969 年）

嘉手納基地のベトナム帰還兵．ベトナムの戦場から無事に帰還できたことは，本人や家族にとって最大の喜びである．沖縄についてホッとしたのか疲れた表情だったが，今夜は盛大に楽しむと兵士は語った（1969 年）

ベトナムで壊された戦車，軍車輛などは那覇軍港へ運び込まれた．修理後利用できるものは再びベトナムへ輸送される．銃弾で穴の空いたジープ，砲弾で傷ついた戦車にはベトナムの土がこびりついていた（1969 年）

嘉手納基地のパイロットルーム．ベトナムへと出発する前の訓練．米兵はとても親切，愉快で明朗．しかし，民間人の農村を爆撃する．それはどこの国の戦争でも同じである．好い人が殺人者になる（1969 年）

私はベトナムで多くの解放戦線を支持する集落を見てきた。沖縄にある「ベトコン村」は、確かによくできていた。ベトナムの戦場で米軍に従軍取材しているとき、道におちている空き缶、集落にあった水がめ、森林地帯で木から下がっているツタ、そういったものには手を触れないよう、兵士たちがお互いに呼びかけあっているのを何度も見たことがあった。それが沖縄のこの場所で教えられてきたものであったと知った。沖縄にある基地の延々と張りめぐらされた金網の中には、まぎれもないベトナムがあったのだ。

数奇な運命

私がサイゴンで生活している間には、いろいろな沖縄人に出会った。その一人、島尻郡与那原町出身の當間元

ベトナムへ向かう兵士たち．1969年1月25日，パリでベトナム民主共和国(北ベトナム)と南ベトナム解放民族戦線，ベトナム共和国(南ベトナム)，アメリカによる休戦のための拡大会議が開催された．しかし戦闘はまだ続いていた．無事帰ってくることを願った(嘉手納基地，1969年)

左：牧港補給基地の内部(1969年)．右：牧港補給基地で働く労働者．大きな産業も企業もなく，基地に農地を奪われた人々は基地に職を求めた．その数はベトナム戦争当時で5万人以上にのぼった．戦争や基地に反対していても，生活していくためには基地で働かざるをえないという人が多かった(1969年)

ヘリコプターから見えるのは沖縄の北部地域．山と海が近接し，ベトナムの激戦地クアンチ省の地形に似ている．ヘリコプターから外を眺める兵士を見てベトナム従軍取材時を思い出した（1969 年）

コザセンター通りのバー街．ベトナム戦争中，コザのバー街は米兵たちで賑わった．当時，兵士たちが使うドルを数える間もなく，ドラム缶，段ボールに押し込んだという話をよく聞いた（1969 年）

俊さんは、一九七七年に沖縄へ帰郷した。ここで、その数奇な運命をたどってみよう。

當間さんと初めて会ったのは一九六五年二月のことである。サイゴンにいるとき、中部のファンランに沖縄人がいると聞いて、バスで六時間ほど揺られながら取材に行った。当時日本工営がそこで灌漑工事をしており、當間さんは通訳として働いていた。

そのとき當間さんはベトナムで二〇年生活しており、四人の子どもがいた。故郷の沖縄を遠くに感じていたところにやってきた同郷のカメラマンを、當間さんは喜んで迎えてくれた。南十字星を眺めながら沖縄について語り合ったことは忘れられない。

一九一九年一〇月、當間元俊さんは沖縄県島尻郡大里村字与那原町に生まれた。那覇から八キロほど離れた東海岸最大の港で、海上にはいつも一五、六隻の山原船《やんばるせん》が浮かんでおり、それが与那原の人々の誇りでもあったという。道路が開通する前は、山原船が輸送機関の花形であった。

當間さんの父も山原船の持ち主であった。与那原の小学校を卒業した當間さんは半年ほど父の船に乗ったが、小さいときから機械いじりが好きだったので、家の近くの自転車屋で働くことになった。やがて見習いを終えて独立し、小さな店を持つまでになったが、一九四〇年二月、徴兵検査の通知を受け取った。

入隊先は熊本第六師団だった。沖縄の青年は陸軍では熊本か小倉の第一二師団へ行くことになっていた。

出征の日、戦地へ向かう村の青年に、村長は「国のためにがんばって、名誉の戦死をして、生きて帰ろうと思うな」と訓辞を与えた。当時の軽便鉄道で、与那原駅から那覇へ向かって出発する當間さんたちを、親類や友人たちが見送ってくれた。その中に小学校の担任の姿もあった。沖縄の各地から徴兵された約二〇〇人の青年たちは、那覇の波の上神宮の前に集合した。天皇陛下のために働くことができる。本土の人間と対等になったのだという気持ちになった若者も少なくなかった。波の上神宮から那覇へ行進する青年たちを迎えたのは、市街に並んだ人々の旗を振る姿と熱狂的な声援だった。

輸送船が出発するとき、父親は戦地へ向かう息子に「国のために、しっかりと働いてきなさい」と餞別の言葉を贈った。母親は千人針を渡しながら、「体にはくれぐれも気をつけるのだよ」と言って涙ぐんだ。兄と姉、そして友人たちは、再び帰ってくることのないかもしれない若者の手を深い思いを込めて握りしめた。船が岸壁を離れると両親の姿はだんだんと小さくなり、やがて視界から消えた。それが両親を見た最後だった。

熊本で三カ月の新兵教育を終えて中国大陸へ向かった。門司から出発した輸送船は上海まで行き、そこから掃海艇に乗り移って揚子江をのぼった。沖縄の青年は平常でも口が重かったが、内地語で他県の若者と話すことは少なからず苦痛に感じたので、どうしても同県人で集まるようになった。そんな様子を古参の兵士は「じゃろう、オキナワ」と馬鹿にしたような口調でからかった。沖縄の人々は言葉の最後にいつも「……じゃろう」とつけるクセがあるからそう呼ばれたというのだが、暗に「沖縄野郎」といったひびきがあって、国のためにがんばろうと思っていた沖縄の若者たちの心を傷つけた。

漢口で下りた新兵たちは武昌へ、そして汽車で蒲圻まで行って野砲六連隊第二大隊第二中隊の御者班に配属となった。大砲をひっぱる馬の世話係である。當間さんはその後ラッパ手となったが、役柄上あまり危険なことにもあわなかった。機械いじりが得意だった當間さんは、航空隊募集の回報がきたとき、すぐに志願した。このことが、その後にくる苛酷な体験への起点となったのである。

各種試験に合格し、航空教育を受けているときに太平洋戦争開戦の報を受けた。一九四二年八月、飛行六一戦隊への配属命令を受けブーゲンビルへ向かった。

本土帰還の機会を逃す

基地から飛びたった仲間の爆撃機が帰らなくなる日が多くなった——そのような戦況になった一九四五年六月、沖縄が「玉砕」したと、シンガポールで聞いた。玉砕というのは、兵士の感覚では、全員の死を意味する。両親も兄も姉も友人も、みんな死んでしまったと思った。

沖縄奪回作戦で本土集結の命令が出たとき、當間さんはこれで故郷の空で死ぬことができると喜んだ。第一陣が出発し、當間さんの第二陣はカンボジア、台湾経由で本土へ向かうことになった。カンボジアのトンレ・サップ湖に近いコンポンチュナンの飛行場に着いたとき、エンジンの故障に気がついた。この故障が、當間さんの運命をさらに変えることになった。二機の故障を修理している間に他の八機は去ってしまったのだ。修理が終わった二日後には終戦を迎えた。それから二カ月間、兵士たちはカンボジアに放置されたままであった。とはいえ、故障していなければ、沖縄で戦死していた可能性が高い。

八人の仲間が集まって、ベトナムまで行って、海岸地帯から船に乗って日本へ帰ろうということに話がまとまった。八人はそれぞれリュックに衣類、食料、塩、薬、毛布を入れ、米はみんなで分けて靴下に入れた。軍刀は竹に入れて仕込み杖にした。拳銃は二丁あった。途中まではメコン川を船に乗って進んだが、その先は徒歩だった。カンボジアの人たちは大変友好的で、民家に泊めてもらうことができた。当時、カンボジアに日本兵は少なく戦闘もなかったからだ。

ベトナム領に入って大きな道を進んでいたとき、當間さんの先行きを決める出来事が生じた。前方に人がいたので道を聞こうと近づいたところ、銃を向けられガチャガチャと弾を装塡する音がしたので、道路の横の草かげに飛び込んで逃げたのだ。このとき八人は散り散りになった。そのうち、カンボジア方向に逃げた二人は、フランス軍に捕まってその年に日本へ帰国できた。しかし、當間さんには別の運命が待っていた。

ベトナム独立戦争に参加

當間さんは一緒に逃げた六人の仲間とヤブの中に隠れて二日間を過ごした。山の畑のカボチャ、スイカや野生のバナナ、パパイヤを食べ、夜は枯れ草を集めてそれにもぐって眠った。カンボジア国境に近いベトナム中部山岳地帯の夜は冷えたが、見つかるので火を燃やすことはで

左上：出征時の當間さんの写真．**右上**：ベトミン軍と一緒の當間さん(前列右)の写真．**中央左**：ベトナムでの當間さん一家の写真．**中央右**：キャンプ瑞慶覧の広々とした庭に建つ米兵住宅を眺める當間さん(1978 年)．**左下**：沖縄は祖先崇拝信仰．ベトナムも同じ．一族の墓の前の當間さん一家(与那原，1978 年)．**右下**：沖縄での當間さん一家(1978 年)

きなかった。一人がマラリアで死亡し、少数民族のモイ族の家でモチ米の飯やニワトリの料理でもてなされて眠っているときに、ベトミン(ベトナム独立同盟)に捕らえられた。

一九四五年九月二日、ハノイのバーデン広場でベトナム民主共和国の独立宣言があったが、それに対しフランス軍はサイゴンで官公庁を占拠するなどベトナム再支配の軍事行動を起こしていた。フランス軍の動きを警戒するベトミン軍は、ひげをぼうぼうに生やした當間さんたちを、フランス軍の外人部隊と間違えたのだ。

同様に捕まっていた五人の仲間とともに、當間さんはプレイクへ連行された。それから、一九四六年の旧正月まで、プレイクのベトミン軍の監獄に入れられることになった。

入獄中、一人がマラリアにかかり、そのときに来た医者が日本語を話すことができた。医者が帰ってしばらくすると、ベトミン第五戦区のカオ・バン・カンという日本語を上手に話す副司令官が来て、すぐ監獄から出してくれ、料理までふるまってくれた。誤認による捕獲だということに、司令部が気づいたのである。そして、きたるフランス軍との戦闘にむけての軍事訓練を依頼した。その結果、五人の旧日本兵は、はからずもベトナムの独立戦争に参加することになった。

沖縄生まれのアメリカ兵・19歳の土池利夫一等兵．ハワイ生まれの父・土池馨は広島出身の二世．1945年4月，沖縄戦で米軍の上陸作戦の際，通訳兵として同行した．終戦後，軍属として沖縄に残り，沖縄芝居の役者・我如古安子と結婚，利夫が生まれた．沖縄の久場崎高校を卒業した利夫はアメリカ市民権を得るため米軍に入隊し，ベトナムへ送られた（第25歩兵師団，タイニン省，1966年5月）

ベトナム農村の利夫．利夫は沖縄のキャンプ瑞慶覧で市民権がなくても志願できる選抜徴兵制の手続きをおこなった後，カリフォルニアで訓練を受けた．沖縄育ちなので私より沖縄のことには詳しかった．カンボジア国境での作戦をおこなう利夫の部隊に同行した．戦闘はなく，無事基地へ戻った（タイニン省，1966 年 5 月）

ベトナム独立運動の歴史は長く、一九四一年五月に民族統一戦線組織であるベトミンが結成され、フランス軍、日本軍と戦った。しかし、組織はまだ大きくはなかった。當間さんが参加したころは、これから本格的にフランス軍との戦闘に向かっていく時期であった。

當間さんは一九五一年一〇月一〇日、ビンディン省のフーカット郡カンカク村で国防婦人会の幹部をしていたベトナム人女性と結婚した。彼女は、當間さんがマラリアで苦しんでいるときに親切に看病をしてくれた人だった。

基地の食堂．ベトナムでの任務は 1 年だが，3 年の兵役を終えると市民権，大学奨学金取得ほか，特典があった．「大学へ行き，アメリカ社会で仕事をしたい」と夢を語っていた（タイニン省，1966 年）

強いられた帰国

一九五四年にはジュネーブ協定が締結され、ベトナムに和平が実現する。當間さんはその後も南ベトナムに残り、サイゴンへ移った。サイゴンでの生活はベトミン時代のように各地を移動することもなく安定したものだった。戦時中のスクラップを回収する韓国系の会社に八年ほど勤め、その後は日本工営に移り、灌漑工事に関わった。一九六六年から帰国までは、日本商社の丸紅で耕運機の販売を担当した。農村へ行って使用方法を教えたり、故障を直したりした。このときは航空隊時代の技術が役に立っていた。

抗仏戦争を一緒に戦った元日本兵の仲間の

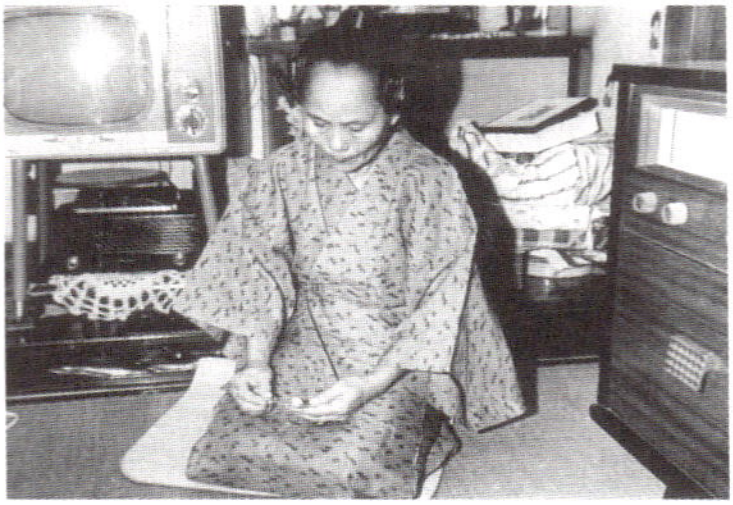

上右：利夫の写真を見る母方の祖母・我如古コゼイさん．ベトナムでの利夫の様子を熱心に聞いていた(那覇市，1966 年)．上左：ハワイにつくられた利夫の墓．再会を約束した 2 カ月後に利夫はカンボジア国境近くで戦死した．写真左端が妹のケイ子さん(2000 年)．下右：ベトナムでの戦死者の名を刻んだハワイ・慰霊公園の碑には，一目で沖縄系と分かる名前がたくさん並んでいた．利夫も生きていればもう孫がいる年齢になっている(2000 年)．下左：利夫の名が刻まれた碑(2000 年)

上：嘉手納基地内のジミー・シュワルツ．米軍弾薬処理部隊の通訳だった父の死後，通信部隊任務で神父も兼ねたシュワルツの養子となった．元の名を幸地達夫．私は1965年にサイゴンで出会った．その後沖縄へ帰り軍属となる．現在は嘉手納基地ゴルフ場顧問(嘉手納基地，2000年)．左下：ベトナムの戦場で同行した頃のジミー(タイニン省，1966年)．右下：ベトナムに従軍したハワイ在住沖縄人．左がトーマス城間，右がマイク岩崎．城間さんはビエンホア基地の無線担当．岩崎さんはロンゼンの輸送隊任務

うち約五〇人が残り、ほとんどの人が商社など日本の企業で通訳として勤務した。「寿会」という親睦団体もできた。解放軍と南ベトナム政府軍、アメリカ軍との戦争も激化してきて、サイゴン市内はときどきロケット弾が飛んできたり、テロがあったりしたが、身の危険はなかった。

子どもたちは日本国籍を取ってあったので、南ベトナム政府軍に徴兵される心配はなかった。「寿会」の人々は南ベトナム政府軍と米軍が解放戦線に勝つとは思っていなかったが、サイゴンが解放される日がくるとも思えなかった。米軍が撤退した後も、その考えは変わらなかった。それがひょっとしたらと皆が思うようになったのは、一九七五年三月、解放軍の攻撃で南ベトナム政府軍が中部高原のプレイク、コントゥム、ダラトを放棄したときである。それから一〇日後にダナンが陥落、サイゴンの解放は時間の問題となった。

サイゴン市内は恐慌状態に陥ったが、當間さんはあまり驚かなかった。これまでの体験から、今度もきっとやっていけるだろうという自信があった。それにベトミン時代も解放軍とは一緒に戦ったこともあったのだ。当時の仲間がいるかもしれないとも思った。それよりも市街戦になって戦闘に巻き込まれることを恐れていたので、降伏声明が出たときには、むしろホッとした。

しかし、その後の状況は想像とは違っていた。給料こそ支払われていたものの、日本企業の再開の見通しはなく、新しい政府のもとで就職できるあてもなかった。当然子どもたちにも仕事はなかった。

それでもベトナムを去るつもりはなかった。郊外に土地を買ってあったので、農業をしながらなんとか食べていけるだろうと思っていた。

しかし解放後二年が経過した一九七七年、政府から呼び出しがきて、家族を連れて日本へ帰ってほしいというのだ。それほど新政府には余裕がなかったのだ。ベトナムに残れる可能性はなかった。「寿会」の仲間も同様だった。

ずいぶんと長い間、當間さんは戦争の中にいた。それを自分の運命であったと受け入れたとしても、もう戦いはたくさんだという思いだった。

沖縄での生活ののち、一九八九年に當間さんは肝臓がんで亡くなった。七〇歳だった。

第5章　本土復帰

デモの上空，ベトナムへと向かうB52(嘉手納基地，1969年2月4日)

嘉手納基地のB52が爆発

一九六八年二月五日、モンタナ州のグラスゴー空軍基地からB52戦略爆撃機一個中隊一六機が嘉手納基地に移駐した。そのころ、ベトナムでは解放軍は北部のケサン基地を包囲、都市にはテト(旧正月)攻勢をかけた。アメリカ軍は戦況の不利を挽回するためにケサン周辺、ホーチミン・ルートに爆撃を加えた。それには、沖縄のB52も参加していた。

嘉手納基地のB52の数は増え続け、一一月には四九機になっていた。連日の出撃で基地周辺の人々は事故を心配したのだったが、その不安は的中した。一一月一九日、離陸に失敗したB52が爆発、嘉手納村(現嘉手納町)と美里村(現沖縄市)の民家約一〇〇軒の屋根や窓ガラスが爆風で破損し、四人が軽傷を負った。嘉手納村内のより人家が密集した地区での事故であれば、大惨事になるところであった。

事故当日のうちに嘉手納村民大会が開かれ、B52即時撤去が議決された。一二月七日にはB52撤去原潜寄港阻止県民共闘会議(いのちを守る県民共闘会議)が結成された。しかし、県民のこうした動きに対して日本政府の反応は冷たく、B52の事故に対して抗議もなく、撤去を要求する声もなかった。アメリカ軍の北爆をただちに支持した佐藤栄作政権としては当然だったろう。

翌一九六九年一月、「いのちを守る県民共闘会議」は二月四日にゼネストで一〇万人を動員して基地の機能をマヒさせる方針を決めた。県労協(沖縄県労働組合協議会)、全軍労(全沖縄軍労働組合連合会)、官公労(日本官公庁労働組合協議会)、教職員会などの組合員が参加する沖縄の歴史上初めての大ゼネストが計画された。

この沖縄の動きに対して佐藤政権はゼネスト阻止の構えを見せた。アメリカ側もゼネスト参加者は懲戒処分にすると全軍労に通告した。

燃えあがる沖縄人の怒り

沖縄の人々にとってこのゼネストは、ただB52の撤去を求め、原子力潜水艦の寄港に反対するというだけではなかった。

琉球国に対する薩摩の侵略と琉球処分による日本への併合、太平洋戦争での悲劇、敗戦後二四年におよぶアメリカ支配下の生活、そういった中で起こってきた沖縄人の怒りだった。基地包囲はアメリカに対する抗議だけではなく、沖縄に犠牲を強いてきた日本政府に対する怒りでもあった。むしろ、その方が強かったとも言える。教職員会には「不正に対して抗議もできないようでは、生徒たちに教える資格を失ってしまう」という声もあった。

しかし、琉球政府・屋良朝苗政権の苦悩は深かった。敗戦後、沖縄はアメリカ軍政下で一九五二年四月一日に琉球政府が発足したが、初代行政主席・比嘉秀平は沖縄を統治する米国民政府（正式には琉球列島米国民政府）の任命であった。その後も琉球政府の主席は民政府によって決められていたが、一九六八年に主席の公選を認め、一一月初の主席選挙で革新統一候補として立候補した屋良朝苗が西銘順治と争い当選した。

教職員会会長であった屋良朝苗を支えたのは、基地に反対し祖国復帰を願う人々であった。その人々こそが、ゼネストを計画したのだった。しかし、日本政府はストの中止を要請してきている。要請とはいっても、「ストを実行したら復帰への道は遠のくぞ」ということを示唆する、強制に近いものだった。

屋良主席は就任早々に難しい立場に置かれた。沖縄の人々の念願である祖国復帰は日本政府の協力なくしては実現不可能だった。しかし、粘り強い大衆運動を起こし、祖国復帰の実現へ日本政府を動かしている人々のこれまでの心情は十分に理解していた。

一九六九年一月二九日、東京で佐藤首相と会見した屋良主席は、改めてゼネストの回避を要請された。東京で亀甲康吉県労協議長と話し合った屋良主席は、ゼネスト中止を心に決めて、翌三〇日に沖縄へ向かって羽田を出発した。この飛行機には、私も同乗し機内で屋良主席を撮影した。

三一日、屋良主席はゼネスト計画の母体である「いのちを守る県民共闘会議」にスト回避を要請した。その理由は、佐藤首相、愛知揆一外相、木村俊夫官房副長官などの人々との会見で、政府がB52撤去に関してアメリカとの交渉など努力していることが伝えられ、また政府筋から六九年七月か八月ごろまでにB52は移転するという感触も受けた、というものだった。そして忍びがたきを忍んでストを中止しようと訴えた。

屋良主席には苦しい決断だった。ストを回避するためには、ストの目的となっているB52がいつ沖縄から撤去されるのかという確証が欲しい。そのために主席就任後約一カ月の間に三度も上京し、佐藤首相、愛知外相、オズボーン米代理大使ほかの人々と会見したが、感触程度しか得られなかった。

ベトナムへの出撃続けるB52

米政府がB52の沖縄離脱を明確にしないことは当然のことだった。ベトナム戦争は激化し、B52は連日のように出撃していた。一九六九年一月二五日、パリでは北ベトナム、解放戦線、アメリカ、サイゴン政府による四者会談が開かれたが、朝鮮戦争同様に、休戦会談が始まるとなお戦争は激しくなる。戦況を有利にしてお互いに会談の主導権を取ろうとするからである。

B52のベトナム爆撃を中止するか、沖縄からB52を撤去するか、その時点では、佐藤首相はもちろん、アメリカ大使も、新任の沖縄高等弁務官ランパート中将も、そしてジョンソン大統領にしても考えていなかったのではないか。ただ、一九六八年二月のテト攻勢以降、アメリカはベトナム政策を転換しようとしていた。

テト攻勢では、サイゴンのアメリカ大使館が二〇人の解放戦線によって占拠された。大使館突入から六時間後に解放戦線一九人が戦死、一人が捕虜となって大使館は解放されたが、このニュースはテレビを通して全米に放送され、アメリカ市民は政府のベトナム政策に大きな疑問を感じるようになっていた。大量のドルと兵力をつぎ込み、たとえ短時間であってもアメリカの象徴である大使館が占拠されたのだ。はたしてベトナム政策は政府が言っているようにうま

屋良朝苗主席・亀甲康吉県労協議長会談．日本政府の圧力により2・4嘉手納包囲ゼネストを中止するという苦渋の決断を下す二人（琉球政府内，1969年1月31日）

佐藤栄作首相から2・4ゼネストを中止するよう要請され沖縄へ帰る機中の屋良朝苗主席．さぞつらい心境と察する（1969年1月30日）

くいっているのだろうかと考えたのである。

市民だけでなく、政府首脳であるジョンソン大統領、マクナマラ国防長官も対話でベトナム戦争の解決をはかる方法を考えるようになっていた。軍事力で勝利することはできないと感じてきたのである。しかし、それが、すぐB52爆撃停止、B52沖縄撤去には結びつかない。戦争を終結させるためには相手側と交渉しなければならない。そして休戦交渉が長期化することを、アメリカは朝鮮戦争で経験していた。

日本政府も当然のごとくいつベトナム戦争が終わるか分かっていなかったが、そこで政府の希望的観測を屋良主席に話したのだ。その一つが、木村官房副長官の「六月中に、タイのウタパオ米空軍基地が完成する予定で、沖縄のB52はそこに移されるだろう」「パリ会議は、六、七月ごろに決着をみ、ベトナム戦争は七月までに終わる可能性がある」という言葉であり、屋良主席はそれをゼネスト回避の強いよりどころとしていた。

木村俊夫はその後、「スト突入となれば屋良主席の立場が危うくなり、沖縄革新に亀裂が生じる可能性があった。沖縄復帰のためには屋良主席の方がプラスと考えていたから、B52撤去の言葉が欲しいという屋良主席の願望に合うような楽観的見通しを話した」と語っている。

ゼネストによって長年のアメリカ支配下の生活の不満を訴えようとしていた人々にとって、回避の要請は大きな混乱をもたらした。先に述べた通り、単にB52の問題だけではないと考えていた人が多かったからである。

回避されたスト

屋良主席からスト回避の要請を受けて、県労協は三一日夜に幹事会を開いた。私はこのとき会議場にいたが、その様子は今でも忘れることができない。ゼネストを中止することによってこれまで盛り上がってきた民衆に挫折感が生じないか、日本政府は本当にB52撤去に取り組んでくれるのか、様々な点からの分析が続けられた。

結局、県労協は、ゼネストで屋良主席が苦境に立ってしまうこと、全軍労の組合員の犠牲を救うため、などの理由から回避を決めた。それは覚悟の上でのゼネストであったはずだが、やはり主席の要請に気勢をそがれた感は否めなかった。会議の後、みんなの表情は苦渋に満ちているようだった。

二月一日の「いのちを守る県民共闘会議」の幹事会では、スト回避派と決行派に分かれた。

決行派は、スト回避で屋良主席を守るのではなく、ストを決行し大勢の人々の熱意と闘争で屋良主席を守るという意見だった。

二月四日、県労協、全軍労のまとまった組織としての参加は欠いたが、ゼネストではなくB52撤去要求県民大会という形で官公労、教職員会、マスコミ労組、社会党、沖縄人民党、学生自治会ほか五〇以上の労組、団体、個人など四万五〇〇〇人以上が嘉手納基地ゲート前に集まり、降りしきる雨の中で抗議集会を開いた。基地の金網の中には銃を持ったアメリカ兵、盾を持った機動隊が警備を固めていた。

会社員、自営業、農民、漁民、教員、学生、主婦など、長い間、基地を見つめて生活をしてきた人々が集まった。沖縄史上初めての大集会だった。人々は力強くシュプレヒコールをしながら基地の周囲を行進した。一部では若者や学生が金網を足で蹴り火炎ビンも飛ぶなど少し荒れたが、大きな騒動にはならなかった。抗議する人々の頭上を、爆弾を積んだB52がベトナムに向かって飛んでいった。

先にも書いたように、この二月四日のゼネストは、沖縄の抑圧された歴史に対しての怒りでもあった。基地包囲、座り込み、全軍労組合員のストによって嘉手納基地の機能をマヒさせ沖

左：料亭「月か瀬」での県労協幹事会．約2時間，お茶だけの討論の結果，スト回避を決定した(1969年1月31日)．右：苦渋の表情を浮かべる屋良主席(1969年)

縄人の意思を表明しようとした。

　屋良主席は日本政府首脳たちに会ってスト回避へと気持ちを固めていったが、もし日本の労働団体が強力にスト支援を打ち出していたならばどうであったろうか。総評はその年の三月の三七回臨時大会で「本土側にストライキに呼応する十分な態勢ができていなかった」と言っている。

　復帰前、アメリカ民政府は、ゼネスト前の一月一一日、「総合労働布令」を発表していた。一九五四年にも公共の街路や公道で五〇人を超える人員でのデモ、集会を禁止するという布令を出しているが、「総合労働布令」は第一〇条で、軍および重要産業の活動を妨害する目的でのピケ、デモなどの行動を禁止するとして、第四二条では、それに違反した場合、一〇〇〇ドル以下の罰金または一年以下の懲役もしくはその両方、という厳しいものだった。

しかし、全軍労はこの布令の出た翌一月一二日のスト権確立大会で投票総数二三七、賛成二二三、反対一三、白票一でスト決行を決めている。全軍労ストが行われた場合、約五〇人の犠牲者が出ると予想していたが、それも覚悟してのことだった。

ゼネストは屋良革新政権を窮地に追い込むという本土労組幹部の弱気は、そのままゼネスト実行団体の幹部にも伝染していった。県労協はスト決行後の犠牲者救援資金約五〇〇〇万円を総評、同盟に求めたが、その目途が立たなかった。このことも気勢をそいだ大きな原因となったと言われている。

屋良主席は、もしゼネストが回避されない場合、主席を辞任すると共闘会議幹部に言ったという情報が伝えられていたが、もしその後に保守政党の知事が選ばれていたら、逆に革新団体はゼネストを決行していた可能性が高い。

七月ごろに撤去されるかもしれないというB52機は、墜落事故から約二年後の一九七〇年九月二四日に沖縄から撤去されたが、その後もたびたび嘉手納基地に駐留した。もうすぐ終わると政府関係者から聞かされたベトナム戦争は、その後カンボジアに拡大し、終戦は六年後の一九七五年四月三〇日だった。二・四ゼネストの取材は、沖縄の立場を改めて知らされた思いであった。
カメラマンとしてよりも一人の沖縄の人間として、沖縄人の怒りを結集したゼネストを決行してもらいたかった、そう思っている。

沖縄返還交渉への疑念

一九六九年二月四日のゼネストが挫折したその翌月、アメリカ本国に駐在する軍が、沖縄を中継基地として朝鮮半島で展開する、アメリカ韓国合同演習フォーカス・レチナ作戦を実施した。私は韓国へ行き、この演習を取材した。北朝鮮との戦争を想定しての演習だったが、沖縄の基地としての重要性が強調されただけに、有事になったとき、沖縄が戦争に巻き込まれる可能性の強いことも改めて証明された。

こうした中で、一九六九年一一月一七日、沖縄返還交渉のため佐藤首相の訪米が決まった。本来であれば、沖縄の人々の念願の祖国復帰のための交渉であるから喜ぶべきことであったが、沖縄にとってプラスになる返還交渉だろうかと疑問を感じる人々が増えていった。

沖縄の人々の願いは、基地のない平和な島である。しかし、現実問題として基地の即時撤去

2月4日，嘉手納基地内にはデモを警戒する米兵が一列に並んでいた．米兵たちには沖縄は多くの血を流して確保した島という占領意識がある．また世界の平和を守るために駐留しているという意識もある．米兵の思い上がった意識は，ベトナムにおけるものと同じであった(1969年2月4日)

左：基地を守る機動隊．右：基地反対の抗議をするデモ隊．同じ沖縄人．個人的にはどちらも好い人間．立場が変わると激しく対立する(ともに1969年2月4日)

基地内に火炎ビンが投げ入れられた．沖縄人の基地に対する思いの炎であった（1969年2月4日）

デモに参加する主婦．沖縄の女性は芯から強かった．市場で働いている人の多くは女性．子を守るために基地に反対する（1969 年 2 月 4 日）

左：デモに参加する男性（1969 年 2 月 4 日）．右：嘉手納基地前で沖縄の怒りを叫ぶ女性（1969 年 2 月 4 日）

衝突するデモ隊と機動隊(1969年2月4日)

は不可能であっても、基地が縮小され核兵器がなくB52が同じアジア人を殺傷することのない基地にしてほしいと願っていた。また、本土の基地では、アメリカ軍の行動や装備に大きな変化のある場合、日本政府との事前協議が必要となっていたが、沖縄ではB52がいつのまにか駐留していた。アメリカは沖縄の基地を手放さないと考えていたが、基地も本土並みになるのか、人々の不安を解消するものは日本政府からも得られなかった。

沖縄返還の内容が国民や沖縄の人々に知らされないままでの佐藤訪米は、七〇年安保条約、日米軍事協力の強化に結びつかないかなどの疑惑を生み、訪米前の一〇月二一日の国際反戦デーでは「安保破棄、沖縄の即時無条件全面返還、国会解散、ベトナム侵略反対」の統一行動が行われ、沖縄、東京など全国で約八六万人が参加した。

B52を警備する機動隊．隊員の中にはB52駐留に反対する人もいただろう．立場が変わると米軍，日本政府側に立たなければならない．現在の辺野古新基地建設でも同じ沖縄人でありながら基地反対・推進の立場に分かれる．ベトナムでも同じ村の青年が政府軍と解放軍に立場を変えて戦っていた（嘉手納基地，1969年2月4日）

一一月一六日の佐藤訪米前夜は、羽田空港に近い蒲田駅、品川駅、東京駅周辺などで学生、過激派グループなどが訪米阻止運動を起こし、火炎ビンが飛び交通がマヒするなど荒れ模様となった。一七日には佐藤首相はアメリカへ向かい、二一日のニクソン大統領との会談のあと共同声明を発表し、沖縄の一九七二年返還が決まった。

日米共同声明で、アジア地域の平和と繁栄のためアメリカと日本が協力すること、安保条約を堅持することが発表された。沖縄の返還は極東の安定のためのアメリカの努力に影響を及ぼすということなどを強調している。

つまり、アメリカの朝鮮での戦争、ベトナム

ベトナム人の命を奪い，ベトナム国土を破壊するB52．アジアの同胞を傷つけてはいけないと訴える沖縄人(1969年)

での戦争もアジアの安定ひいては日本の平和と繁栄のためであるから、基地使用は当然、という考え方である。このアメリカの主張は、一九六〇年の安保批准からのものであり、それだからこそ、佐藤政権は北爆を支持したのであろう。

そうなると、アメリカの行動に常に日本は協力をしていかなければならない。これまでの日本政府にアメリカの行動を批判する姿勢は見られず、常に追従の形をとっていた。そういったことで沖縄の人々の主体性を守ることができるはずはなかった。

横暴なアメリカ兵への反発

ベトナム戦争の影響で兵士たちの気持ちも荒んでいたのか、沖縄ではアメリカ兵による犯罪が激増していた。しかし、沖縄の人々が殺され傷ついても、沖縄には犯人を裁く権限がなかった。犯人が基地中に逃げ込み軍事裁判を受けても、被害者やその家族には、犯人がどのような刑を受けたのか分からなかった。

一九七〇年一二月二〇日にコザ市(現沖縄市)で起こった、アメリカ兵たちの自動車や基地内の建物の焼き討ち騒動(コザ事件)はアメリカ支配下にある沖縄の人々の不満の表れであった。発端は沖縄の労働者が、アメリカ兵の乗用車にはねられるという事件が起こったとき、アメリカ兵がMP(軍警察)に連れて行かれそうになったのに対して、「基地の中へ逃げてまた無罪にするのか」という不信の声があがったことだった。

沖縄の群衆は約五〇〇〇人に増え続けていき、武装したMPと対決した。群衆は石を投げ、アメリカナンバーの車に火をつけた。機動隊も出動したが、群衆の目標はアメリカ兵であり、機動隊とのトラブルはあまりなかったようだ。七五台の焼かれた自動車も、そのほとんどがアメリカ人所有のものであった。コザ事件は、沖縄の人々の基地に対する怒りを改めて証明する出来事だった。

本土への復帰こそ決まったが、沖縄の人々が望んだような基地の縮小は実現せず、かえって基地強化の懸念が生まれ、徐々に返還協定への疑問が大きくなっていった。軍が守ってくれなかった沖縄戦の経験から、自衛隊の駐屯に対しても抵抗感は強かった。

史上最大の県民大会

一九七一年一一月九日から一〇日にかけて、「日米共同声明路線の沖縄返還協定反対・交渉やり直し完全復帰要求」ゼネストが決行された。沖縄での統一ストは佐藤訪米前の六九年一一月一三日の「核つき・基地自由使用返還を含む佐藤訪米反対、軍事基地の一斉撤去、安保廃棄一一・一三県民総決起大会」から始まり、約五万人の参加を得て実行された。第二回の七一年五月一九日の「日米共同路線による返還協定粉砕ゼネスト」も第一回と同じ規模で行われた。そして、一一・一〇ゼネストには、県労協、全軍労、教職員会など第一回の人員をはるかに超える一〇万の人々が参加し、沖縄史上最大のゼネストとなった。

大会終了後、デモ隊は大会会場となった与儀公園を出発した。この時期の沖縄の日は短い。朝は六時ごろまでうす暗く、夜は五時をすぎると急速に暗さが増してくる。私はこの日も大会やデモ行進の様子を撮影していた。「安保反対」「自衛隊反対」などシュプレヒコールを繰り返

左：平和を望む人たち．おばあちゃん，おじいちゃんはあの悲惨な沖縄戦を体験し，主婦たちは親に手をひかれ戦場をさまよった（与儀公園，1971年11月10日）．右：左写真に写る神山竹代さんと再会することができた（那覇，2002年）

しながらもデモは整然と行われたが、安里から泊港へ出て一号道路を牧港方向へ向かった集団が火炎ビンを投げ、辺り一帯は騒然としていた。

路上が炎で赤々と染まり、アメリカ人の住宅にも火炎ビンが投げ込まれていた。その様子を撮影していると、勢理客《じっちゃく》の方向で、機動隊と過激派がぶつかっている姿が見えたので、そちらへ向かって走っていった。カメラ三台を肩と首にぶら下げ、重いカメラバッグを抱えての行動なので、身軽なデモ隊に遅れをとった。

現場に近づくと、機動隊員が倒れているのが見えた。火炎ビンを投げつけられたのだ。火は消えていたが、まだ身体から煙が出ていた。機動隊は各地に分散して警備をしていたので、手薄な一カ所が攻撃を受け、応援はまだ現場に来ていなかった。やがて駆けつけた応援部隊は、デモ隊へ

左：与儀公園での沖縄史上最大のゼネスト．約10万人が参加した(1971年11月10日)．右：全軍労．基地で働く人々は，基地内で軍や兵士の動向を目の当たりにしているので，基地のない平和の島の願いは他の人よりも強いのではないかと思った(1971年11月9日)

向かって無差別攻撃を加え、今度は一般デモ隊員までもが、警棒や盾で殴られ、催涙ガスの中を逃げ惑うことになった。

沖縄史上最大の抗議大会は、最後になって一人の警官の死亡、多数の負傷者を出してしまった。翌日、死亡した山川松三巡査部長の自宅で行われた葬儀を取材した。機動隊といってもデモのために動員された交通係の四八歳の警官だった。機動隊員としての特別な訓練も受けていなかったであろう。妻や子にとっては優しい父であった。しかし、機動隊のユニフォームを身につけた途端、その人格はヘルメットの下に隠されてしまい、過激派からは権力の代行と見られてしまった。

突如として不幸に陥った山川巡査部長の家族の嘆きを見つめながら、ベトナム戦争のことが頭の中を駆けめぐった。ベトナム戦争でのアメリカ兵も、志願して海兵隊に入った

過激派と機動隊の衝突によって亡くなった機動隊の山川巡査部長(勢理客，1971年11月10日)

若者たちが、訓練を通して「ベトコン」「コミュニスト」「グーク(東洋人を意味するスラング)」と敵対意識を植えこまれ、多くの人たちを殺した。しかし、徴兵された一般兵士の中には、人は殺したくない、早く国へ帰りたいと願っている若者もたくさんいた。

日本へ帰ってきて、いろいろと取材をしているうちに、機動隊の乱暴さに驚いた。学生やデモ隊を殴るときの彼らに、憎しみの表情が浮かんでいるのを見た。海兵隊の兵士のような訓練を受けているのだろうかと思ったくらいだった。

デモ隊に対する意識は、正規の隊員と臨時隊員とでは大きく異なったことだろう。しか

山川巡査部長の葬儀．妻と子の嘆きは大きかった．沖縄の歴史が一家を不幸にした．山川さんも本土復帰を望んでいただろう（1971年11月11日）

し、ベトナム戦争でのアメリカ兵が軍服を着てしまえばみんな同じように見えていたように、機動隊員もユニフォームを着てしまえば、一般の人からは正規隊員も臨時隊員も見分けがつかない。山川巡査部長の死は、沖縄の基地がもたらした悲劇であった。

復帰の日

前日から降り続いている雨は、一九七二年五月一五日になっても止まなかった。私は、この日を迎える午前〇時の少し前から、那覇市国際通りの三越前の歩道橋の上にいた。復帰した瞬間の大通りを見たいと思ったのである。二七年間の「アメリカ世《ゆ》（アメリカの時代）」から「ヤマト世《ゆ》」へまも

飛ぶ火炎ビン．車の中には沖縄人がいる．つらい光景である(天久，1971年11月16日)

なく変わろうとしていた。

「琉球世《ゆ》」から「ヤマト世《ゆ》」の苦しみが始まったのは一六〇九年、一〇〇隻余の軍船で三〇〇〇人以上の薩摩軍が琉球を占拠してからである。戦わない国を方針として武器を持っていなかった琉球は薩摩軍にとって赤子の手をひねるようなものであった。

中国と貿易を続けるために、形の上では一応、琉球王国を置いていたが、薩摩は貿易の利益を独占するだけではなく琉球国民に苛酷な税を課し、そのための琉球人の苦しみは想像を絶したようだ。薩摩の支配は二七〇年間も続き、一八七九年日本に併合され沖縄県となってからも、沖縄の苦しみは変わらなかった。

左：晴海埠頭の沖縄代表団．日本国民が沖縄に行く場合，総理府に渡航申請書を提出して沖縄にある米国民政府の審査を経て発行された身分証明書が必要だった．沖縄人が本土へ渡るときには，米国民政府発行の日本旅行渡航証明書を必要とした．審査にはかなりの時間がかかり，証明書の発行を拒否された人も多かった(1969年)．右：左写真に写る新垣洋子さん(右から3人目)ともその後会うことができた(那覇，2002年)

1960年に沖縄県祖国復帰協議会が結成され，組織的な復帰運動がスタートした．沖縄の本土復帰運動支援要請に沖縄の市民代表団が晴海埠頭に到着．本土の支援団体の出迎えを受ける(1969年)

薩摩支配時代の搾取による貧困から立ち直れず、砂糖キビ以外に主とした産業もない沖縄と本土の経済、教育などの格差は大きく、その差を埋めることもできないうちに、「いくさ世《ゆ》」を迎え、アメリカ軍上陸作戦によって沖縄本島は焦土と化した。

そして今度、また「ヤマト世《ゆ》」を迎えることになっても、沖縄の人々はアメリカ支配からの解放感などの喜びを素直に感じることができなかった。復帰が実現したら基地に接収されていた土地が返されると思っていた地主もいたが、実際には、復帰を前に防衛施設庁はアメリカ軍と自衛隊が使用する土地、施設に対し「公用地法」にもとづく土地の使用の告示を発表していた。これで、基地使用のため土地の強制収用が可能となった。

復帰の日、自衛隊は「那覇防衛施設局」の看板を掲げ、午前七時には東京警視庁第四機動隊と九州管区機動隊計三九三人が那覇新港に上陸した。復帰と同時にヤマトの軍と警察が顔を出したのである。それだけでなく、右翼団体菊水会のメンバー一五人ものりこんできた。

ドルから円への切り替え

復帰の不安はまだまだあった。毎日の生活に結びつくドルと円との交換レートが一ドル三〇五円となったことも、人々の心を暗くした。それまで沖縄の人々は一ドル三六〇円と思いこんでいたのだが、復帰前に円の切り上げが決定し、一九七一年一二月一九日にはすでに一ドル三〇八円となっていた。一九七一年一〇月八日、本土・琉球政府は個人が持参した現金と預金通帳の金額に関してのみ三六五円との差額を保障すると突然発表した。この通貨確認は一〇月九日午前八時から午後一〇時までの一日のみだったので、確認できなかった人も多かった。

1970年の国政選挙で選ばれた沖縄選出国会議員のうち，上原康助がトップバッターとして代表質問に立った．奥には佐藤栄作首相（東京，1970年）

厳重な警戒のもとに本土から円が運ばれ、各地域の銀行に配分され、午前九時からドルと円の交換が始まった。沖縄ではこれで敗戦後六回も流通通貨が変わったことになる。一九四六年四月、旧日本円からアメリカ軍政下の沖縄でのみ使用されたB円が発行された。その四カ月後、

勢揃いした沖縄選出衆参国会議員．1970 年 11 月，復帰に先立って行われた国政参加選挙で国会議員 7 名が選出された．右から左へ，瀬長亀次郎(人民)，国場幸昌(自民)，西銘順治(自民)，安里積千代(社大)，上原康助(社会)，喜屋武真栄(参議院・革新共闘会議)，稲嶺一郎(参議院・自民)，手前には屋良主席(東京，1970 年)

本島ではB円が回収され新日本円となったが、一年後には再びB円を使用することになった。

私が初めて帰郷した一九五七年にはまだB円が使用されていたが、その翌年の九月にはB円からドルへの切り替えが実施された。それから一四年、沖縄の人々の生活にもドルが定着していたが、本土では円、沖縄ではドルという現実に、その格差を感じていた。だから本来であれば円になるということは本土復帰の証明であり喜ばしいことなのだが、一ドル三〇五円という現実には大きな不満が生じた。

五月一五日で市場、食堂、商店などは定

首里高校全校生徒による日本復帰討論集会．生徒たちが生まれる前から米軍基地は存在した．肉親を沖縄戦で失った生徒も多い（1971年12月9日）

価をドルから円に書き換えることになっていたが、実際にはドルの定価表のままの店も多かった。一方、円の価格表に直した店は、一ドル三六〇円で計算をして端数を切り上げるといったところが多かったが、円の使用感覚がないので、定価の付け方が混乱していた。私たちの泊まっていた国際ホテルでは、三ドル五〇セントだったステーキがいきなり二〇〇〇円になっていた。私たちの抗議で価格は改められ、一五〇〇円となった。

円になったことでとにかく物価が上がった。税金の安い外国製品、とくにウイスキー、タバコの買い占めが生じていた。私たちが通っていた「麦」というバーのママさんの自宅の押し入れは、スコッチでいっぱいになっていた。先輩の秋元啓ーカメラマンは、復帰を象徴する現象として、その押し入れを撮影した。

中国卓球団

一九七二年九月二九日、田中角栄首相と周恩来首相との間で日中共同声明が調印され、日本と中国との国交が樹立された。日本の侵略から始まった日中戦争が終わってからも、中国は近くて遠い国であった。日本と中国との国交正常化は両国にとって長年の懸案となっていたが、東西の冷戦などが国交を阻む障害となっていた。

この時期になって日本との国交正常化交渉が急速に進行したのは、アメリカの中国政策の大きな転換があった。反共国家としての旗頭であったアメリカは、朝鮮戦争後の中国封じ込め政策を強め、ベトナムにも介入していた。ベトナム戦争で解放軍が勝利すると、カンボジア、ラオスその他の国々まで共産化し、ひいてはその波が中東からヨーロッパにまで影響するという「ドミノ理論」がアメリカのアジア政策の根底にあった。

しかし、先述の通り、アメリカは一九六八年のテト攻勢を機にベトナム政策を転換する。ベトナムからアメリカの軍隊を引き揚げ、あとは南ベトナム政府に任せようというものだった。

そのためには、ベトナム戦争を停戦に持ち込み、解放軍に対する北ベトナムに対する中国の、それぞれの支援を弱め、南ベトナム政府を存続させようとした。その方法として、パリでは北ベトナムと休戦会談を進め、七二年二月、ニクソン大統領は中国を訪問し、五月にはソ連をも訪問してベトナム戦争の解放軍を支援している大国と直接交渉を進めていった。

こうした状況の中の一九七二年五月二〇日、中国卓球団は沖縄を訪れた。復帰後、五日しか過ぎていない時期の電撃的な沖縄訪問。まだ日本との国交も正常化していないときだったが、ベトナム情勢を横目で見ながらの、アメリカの了解のもとでの沖縄訪問だった。

中国卓球団は、前年の四月に行われた世界卓球選手権大会に参加し、アメリカチームとも積極的に交流していた。アメリカチームの訪中親善試合を決めるなど、対立していたアメリカと中国との間を取り持ち、ピンポン外交とも言われた。

沖縄にとっては復帰後、初の外国スポーツ選手の訪問であり、各地で「熱烈歓迎」だった。私は中国卓球団のバスに同乗して行動したが、嘉手納基地の前を通ったとき、選手たちはみんなで基地の様子を見ていた。中国選手たちにとって、広大な米軍基地を見るのは生まれて初めてのことだった。沖縄と中国の歴史的なつながりは深い。沖縄にとって有意義な経験だった。

豊見城村(現豊見城市)上田小学校の特設授業．復帰の日の朝，各小学校ではクラスに分かれて討論会が行われた．児童が黒板に書いた内容は，アメリカ兵の犯罪に対する裁判権など，最近になって変わった点もあるが，基本的な問題は今なお残っている(1972年5月15日)

中国卓球団が帰った四カ月後、日本と中国の間に国交が結ばれることになった。

沖縄入りを拒絶されたベトナム人

ベトナム社会主義共和国の外務省プレスセンター記者部長であり、日本担当責任者のグエン・クイ・クイさんは、日本の外務省から沖縄行きを拒絶されたまま、一九日間の日本の旅を終えてベトナムへ帰っていった。一九八七年一〇月のことだ。

その年の一二月には外務省を引退することになった六七歳になるクイさん。ベトナムを訪れるジャーナリストや文化人など、長く日本人の世話をしてきた。一九二〇年に生まれ、

復帰の日を迎えた瞬間の国際通り（1972 年 5 月 15 日）

復帰の日の糸満市内の銀行．この日は 1 ドル 305 円だった．やっと貯めた金が 1 ドル 55 円の損となって，復帰の朝にもかかわらず表情は暗かった．差額保障のドルは赤い印がつけられた．突然の発表で確認が間に合わなかった人も政府はなんとかしてくれるだろうと期待した．しかし，現実は厳しく「経済的琉球処分」と不満をつのらせた（1972 年 5 月 15 日）

「夫は殺された」．タクシーの運転手をしていた喜名みねさんの夫・武さんは，復帰前年の10月，米兵に殺されたが，犯人は捕まえられず事件は迷宮入りとなった(コザ市)

左：「娘は帰らない」．西原加那さんの娘・和子さんは復帰前年の4月，米兵に殺された．軍事法廷で米兵は無罪．「殺人が憎い．ぶん殴ることもできないうちに犯人はアメリカへ帰ってしまった．復帰をしても和子が帰ってくるわけでもない」と西原さんは寂しそうだった(宜野湾市)．右：雨に濡れるひめゆりの塔．この日は誰もいなかった(糸満市，1972年5月15日)

「復帰おめでとう」．夕方になって活気づいてきたコザセンター通りの繁華街には，バーや土産店の経営者で構成されたセンター通り会の祝辞が見える(1972年5月15日)

左：いつも通りバーへ繰り出すアメリカ人(コザ市，1972年5月15日)．
右：復帰の日のデモ行進．復帰前，基地の契約を拒否していた人々の土地2万7901ヘクタールは，復帰と同時に「沖縄公用地暫定使用法」にもとづいて自動的に強制収用された．復帰前の「基地の核つき自由使用反対，自衛隊配備反対，軍事基地撤去，1ドル360円交換」などの要求は通らなかった(那覇市，1972年5月15日)

雨の中バー街を通る小学生．夜はネオンで明るいコザ市のバー街も，バー以外には米兵相手の洋服，土産店しかないので昼間は人通りが少ない（1972年5月15日）

抗仏戦争中はベトミン軍部隊の政治委員などを務めた。日本語は一九四六年から独学で学んだという。五五年から文化省国際部の日本担当となったが、そのころは日本人との接触も少なく、交流が本格的に始まったのは一九六〇年、対外文化連絡委員会の日本担当になってからだそうだ。

ベトナムの取材や文化交流でクイさんにお世話になった日本人は多い。そう考える有志が集い、クイさんを日本に招待した。九月一六日から二〇日間の日程を決めた。その中心が沖縄訪問だった。

クイさんに沖縄へ行ってもらいたかった理由はたくさんあるが、その一つは、沖縄がベトナム戦争と関係の深い地だったからだ。クイさんに沖縄の基地を見てもらいたかった。しかしそれだけではなく、沖縄の生活と文化を紹介し、ベトナムと沖縄の共通性について考えを聞きたいと思っていたのだ。

外務省査証室から、クイさんの日本でのスケジュールについて話し合いたいと連絡があったのは、来日予定四日前の九月一二日のことだった。バンコク経由で一六日に成田に到着するためには、一四日にはベトナムを出発しなければならなかった。今ごろこんなことを言ってくるようでは、出発までにビザが間に合わないのではないかと私たちは動揺した。

外務省は「クイさんの日程を変更してもらわないといけない。まだ関係各省庁と話し合っている段階なので、どこを変更してもらうかは後日連絡する」と説明した。それまではビザが発給できないので、その旨を在ハノイの日本大使館に連絡してあるという。一六日の来日は不可能となった。

「日程を変更せよというのは、沖縄に関する部分か」と尋ねると、「まだ言えない」と答える。さらに「もし沖縄であれば、天皇の訪問と関係があるのか」と問うと(当時沖縄国体への天皇の出席が予定されていた。しかし実現はしなかった)、「それもまだ言えない」という答え。「関係省庁はどこか」「それも申し上げられない」。私たちは要領を得ないまま待たねばならなかった。

その後、「関係各省庁と打ち合わせた結果、グエン・クイ・クイ氏の来日に関しては許可するが、日程から沖縄訪問は除いてほしい。これは我が国の国益の観点と外交政策から決定されたもので、その理由については説明しない」という返答がきた。

私はこれを聞いて頭に血がのぼった。沖縄行きを取り消さない限り、ビザが発給されないことになる。日本政府は、我が故郷・沖縄をなんと考えているのか。クイさんが沖縄へ行くことで、日本のどんな国益に反するのか。沖縄のどこにクイさんに見られて困るところがあるのか。しかしこれらの疑問に外務省が答えることはなかった。結果として、クイさんは予定より一カ月後の一〇月に、沖縄行きを諦めた上で来日することになった。

このことで、自分の不勉強を思い知った。「国益に反する」という理由で日本への入国を拒否するケースはこれまでもあったのだ。一九六一年三月三日付の『朝日新聞』の記事によると、対共産圏輸出統制委員会（ココム）の規制強化で、五九年に日本学術振興会が招待しようとしたソ連、東欧諸国の科学者などが入国拒否されたケースが四件、翌六〇年にはソ連三件、東ドイツ二件、ポーランド、チェコスロバキア各一件。沖縄では、八七年の六月二九、三〇日の両日、宜野湾市民体育館と奥武山体育館での男子国際バレーボール試合で、全日本と対戦することになっていたキューバのチームの沖縄行きに外務省が難色を示し、危うく試合が中止になりそうになったということがあった。

長い戦争による後遺症で苦しんでいるベトナム人と、基地に悩む沖縄人の友好は、日本政府の「国益」によって実らなかった。このことは当時、『琉球新報』『沖縄タイムス』両紙で大きく扱われ、読者からも様々な反響が寄せられた。しかし、本土の三大紙は一行も扱わなかった。

本土と沖縄の距離を感じた出来事でもあった。

第6章　米軍基地 1972〜2015

普天間基地のオスプレイ．沖縄の民意無視の象徴(2014年)

嘉手納基地

沖縄にある巨大な米軍基地は、一九六〇年に改訂された日米安全保障条約により、日本の政府から承認されている。条約の中には、アメリカの日本防衛義務という項があり、日本政府はたびたび「日本の安全を守ってもらうためには沖縄の基地はやむをえない」という表現をしている。しかし、沖縄では「本土の安全のためにまた沖縄が犠牲になるのか」という声が多い。

一九五七年四月、高校を卒業して一五年ぶりに沖縄へ帰ったとき、生まれ故郷である首里をはじめ各地に藁ぶきやトタン屋根の家がまだ残っていた。太平洋戦争の傷跡も生々しかった。そうした光景の中に、巨大な米軍基地と、まるで別世界のような青々とした芝生に建つ米兵用住宅が並ぶ基地内の姿があった。

基地はそのときから現在まで変わることなくそのままの形を残している。土地は一部返還されても、基地の機能は強化されている。一九八九年の日本に存在した米軍基地の専用施設の約七五パーセントが、日本全土の〇・六パーセントの面積にすぎない沖縄の地に集中していた。そのなかでも二〇・二五平方キロメートルもの嘉手納空軍基地は、甲子園球場の五〇〇倍以上もあ

嘉手納基地前の黙認耕作地．米軍は基地の地代は払うが，使用していない土地には一時使用を許可していた．ただし，その許可はいつでも取消しができた．背後に B52 の尾翼が見える（1969 年）

る。嘉手納町、沖縄市、北谷町の多くの面積は基地にとられているが、なかでも嘉手納町の総面積の八二パーセントは基地になっており、まさに「基地の町」と言える。広々とした基地の横、わずかに残された二・七二平方キロメートルの土地に住宅がひしめいている。

韓国軍との合同演習「チームスピリット」や、大韓航空事件、アメリカ空軍のリビア爆撃、ソウルオリンピックなど世界に動きがあると、他の基地や空母から戦闘機、輸送機などが飛んでくる。一九八八年一月には、台風避難という理由で、グアムのアンダーセン基地から、KC130が五機とB52爆撃機が一二機も来た。さらに一二月までに三沢基地、岩国基地、フィリピンのクラーク、スービック基地、韓国の烏山、大邱の各基地、空母ミッドウェーなどから合計二一四機が飛来するなど、沖縄の基地はまさにアメリカの言う「太平洋の要石」となっている。

こうした外来、駐留の軍用機がジェット噴射音をたてて飛び交う様子を見ていると、その迫力に圧倒されるが、ここで毎日の生活を送っている人々にとってその音は大変な苦痛だろうと思う。一九八九年三月一四日から一六日までの三日間、午前七時から午後七時まで、軍用機の離着陸、タッチアンドゴー、フライパスの合計は、一六九九回に及んだ。これは、一分一六秒に一回の割合で軍用機が嘉手納空軍基地の周辺で行動したことになる。一九八八年の平均騒音

読谷補助飛行場を使ってパラシュート降下訓練をする米陸軍特殊部隊．山内徳信読谷村長の時代に補助飛行場の返還を決定させ，現在は文化施設が建ち並んでいる(1985 年)

左：村ぐるみの抗議．日本軍が住民の土地を接収し飛行場を造った．米軍は上陸後，「本土決戦」に備え飛行場を拡張し，終戦後は基地とした(読谷村，1985 年)．右：機動隊員は教え子．山内徳信村長は元高校教員．「先生，一応お連れしますが，しばらくしたら戻ってきていいですよ」と言われた．教え子の立場もあるので，いったん連れて行かれ，また抗議活動に戻った(読谷飛行場，1985 年)

は八一ホン。町民は家に防音装置をほどこしたりしているが、不快感は残る。沖縄県人は基地公害に悩まされ続けている。

奪われた土地

本土復帰からちょうど二五年の時が経った一九九七年五月一五日の午前八時三分、嘉手納基地第一ゲート前。基地に抗議するため人々が徐々にゲート前に集まっていた。本土から参加した人もいる。九時になると警備の米兵がゲートを閉めた。

軍用地契約を拒否し、強制使用されていた地主約三〇〇〇人分の土地は一五日午前〇時で使用期限切れとなっていた。だが、一五日から駐留軍用地特別措置法によって、暫定使用に入った。契約拒否地主たちが、嘉手納基地内の立ち入りを求めてゲート前に集まっていた。閉ざされたゲートの奥には日本の機動隊が並んでいる。反戦地主会の会長・照屋秀伝氏は語る。

「私の土地はゲートから一キロ半ぐらいの中にある。ここに立つと、私の親や祖父母の温かさが伝わってくるような気がする。しかし、五〇年経ってもそこへ入ることができない。戦前の豊かな土地、花咲く丘、私の生まれた土地は、今ではコンクリートで固められフェンスの中

読谷村飛行場の近くにあった楚辺通信所.「象のオリ」と呼ばれ，冷戦時代からソ連，中国，北ベトナムなど共産圏の情報を傍受していた．直径 200 メートル，高さ 28 メートル．2006 年に撤去されキャンプ・ハンセン内に移された(1997 年)

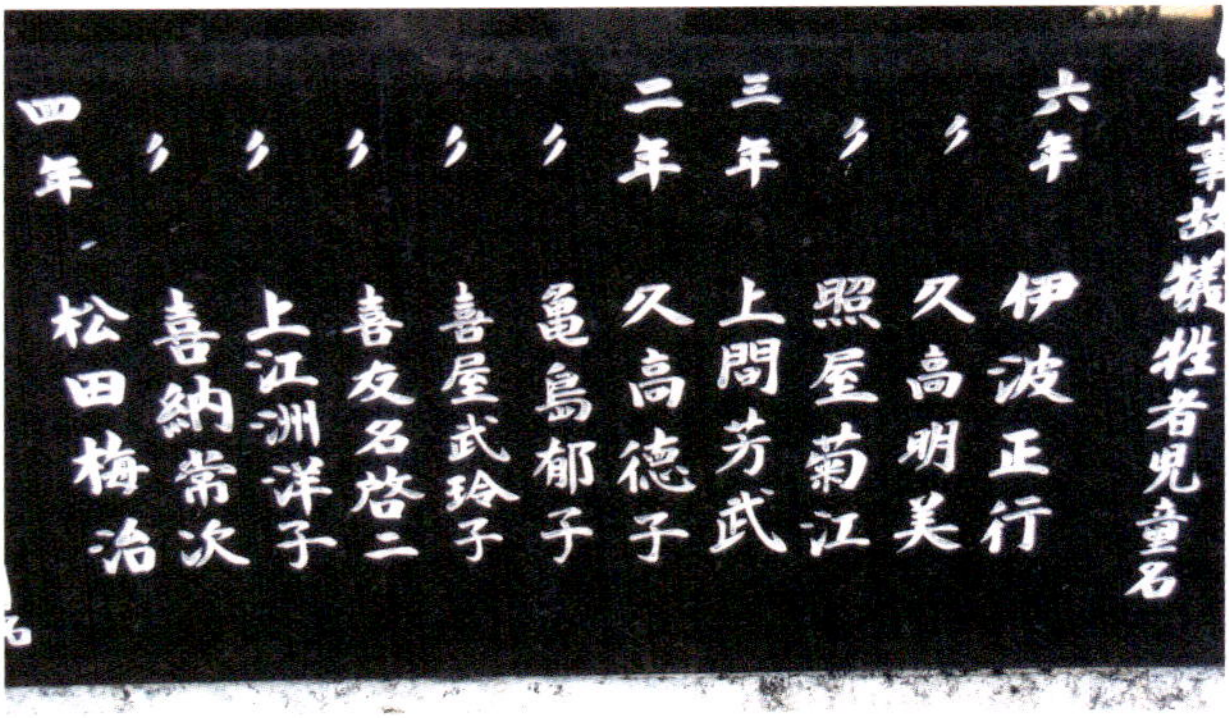

1959 年 6 月 30 日，F100 ジェット戦闘機が石川市(現うるま市)の市街地に墜落した．宮森小学校の 3 教室，民家 27 軒，公民館 1 棟が全焼．宮森小の児童 12 人(後遺症により 76 年に亡くなった 1 人も含む)，市民 6 人が死亡．宮森小の校庭には犠牲になった児童の慰霊のため「仲よし地蔵」が建てられ，碑に児童の名が刻まれている(宮森小学校，2014 年)

にある。私の目の黒いうちに基地の中に入り、皆さんを私の土地に招きたい」

地主たちは「戦後、アメリカ兵に銃剣とブルドーザーで土地を奪われた。今度は日本政府が県民不在の特措法で永久に土地を取り上げようとしている。しかし、この措置は、逆に土地を守る我々の決意を固めることになった」と、集まった人々や米兵に訴えた。けれども、地主側の「土地明け渡し要請書」の受け取りと基地内立ち入り要求は米軍に拒否された。それを知った地主たちと支援団体は、在沖米軍司令部へとデモ行進を始めた。

私はこの状況を見て、基地の問題は復帰前と基本的に変わっていないと感じた。むしろ米軍基地からの負担要請は復帰前よりも増加している。復帰時、沖縄の米軍基地面積は二万七八五〇ヘクタール。本土は一万六九五九ヘクタールだった。その割合は沖縄五八・六パーセント、本土四一・四パーセント。その後、本土の基地は一九九六年までに七九〇一ヘクタールまで縮小されたのに対し、沖縄基地の返還率は低かった。九七年当時依然として二万三五一九ヘクタールが存在し、割合は在日米軍基地の七四・九パーセントに上昇していた。

沖縄の全面積の約一一パーセントを占める米軍基地。約二万八〇〇〇人の契約地主の地代、約八〇〇〇人の軍従業員給料など、基地関係からの収入は年間一六二八億円(一九九四年)だっ

ベトナム戦争中は数日の訓練で最前線へ送られた．第3海兵師団は1965年ベトナム着，1969年11月撤退．1973年3月，ニクソン大統領はベトナム戦争の終結を宣言した．もうベトナムへ行かなくともよい．沖縄の演習場ではいくら撃っても撃ち返されることはない（北部訓練場，1973年）

た。沖縄経済の基地依存度は、復帰時の一五・六パーセントから四・九パーセントと減少してはいるが、基地からの収入で生活を支えている人たちが多いのは事実であった。

地主の中には年をとり、地代だけで生活している人、土地を貸しておけば働かなくても金が入ってくる、今更土地を返されても困る、と考えている人もいた。本土政府は、そういう人たちを見て、土地契約に自信を深めているようだった。

読谷村は村の半分近くの土地が軍用地となっている。一九八八年に村を訪れると、山内徳信村長が中心となり村ぐるみで、米軍訓練への反対抗議行動が行われていた。八七年には五回だったパラシュート訓練が、この年の七月末までには二三回も実施されていた。

山内村長は次のように語った。「読谷飛行場がある土地は太平洋戦争時に、日本軍に強制収用された。読谷でいちばん豊かな土地だった。日本軍は戦争が終われば返すと言ったが、戦後に日本政府は米軍基地として提供している。一九六五年、パラシュートの降下訓練で投下されたトレーラーにより小学校五年の棚原隆子さんが死亡したように、パラシュート訓練には向いていない。村民の全力をあげての返還要請で、米軍も日本政府も、訓練場の移設を検討していると言ったが、それから八年がすぎている。読谷村はこれまでに、花織、焼き物(ヤチムン)の里などの文化村づくり、座喜味城跡の復元など平和への村づくりを心がけてきた。飛行場返還後の土地利用計画もすでにできているのです」。

競技場、体育館、文化センター、公園などがイラストで描かれた計画書も見せてくれた。殺人の訓練をする基地が村民や村を訪ねる人々の憩いの場に生まれ変わる。沖縄全体の基地がそうなると良いなと思わせてくれる、きれいなイラストだった。その後の二〇〇六年に粘り強い交渉の結果、山内村長と村民たちは飛行場の撤去と土地の返還を実現させたのだった。

一九八八年には、那覇の航空自衛隊基地内自由耕作地を持つ上原太郎さんと共に基地内の畑

ベトナム戦争は終結したが東西冷戦が続く中で，米軍はアジアでの軍事力を誇示するために，沖縄で延べ 10 万人を超える大規模軍事演習「フォートレス・ゲイル」を実施した．沖縄のあらゆる基地が演習場となった．金武村は現在の金武町(金武村ブルービーチ，1979 年 8 月)

左：水陸両用車輛による上陸作戦演習(金武村ブルービーチ，1979 年 8 月)．右：沖縄の米海兵隊員(金武村ブルービーチ，1979 年 8 月)

も取材した。今はもう亡くなられた上原さん、このときは七六歳だった。

米軍に接収された上原さんの土地は、復帰後には航空自衛隊の管轄となっていた。長い返還闘争の末、一九八二年には「米軍用地特措法」適用外となり、土地は上原さんに返還された。しかし、金網に囲まれた上原さんの土地には、航空自衛隊が発行する通行証がなければ入れない。航空自衛隊は上原さんと土地賃貸契約を結ぼうとしたが、上原さんは「戦争のために土地は貸さない」として契約をいっさい交わしていない。

上原さんの土地はゲートからはかなり距離があった。照りつける太陽の中を二人で歩いた。後ろからジープに乗った二人の自衛官がついてきた。「上原さんの土地の撮影はよいが、それ以外の撮影は許可していない」。私が基地内を撮影しないか見張っていたのだ。とはいえ、かつてのベトナム戦争時代に四年間も米軍基地内を撮影していたし、航空基地には撮影したいと思うようなものはなかったので、思わず笑ってしまった。

私たちカメラマンは歩くのも仕事のうちなので気にしなかったが、上原さんは年配でもある。「上原さんを車に乗せてあげてはどうでしょう」と自衛隊員に声をかけたが、反応は何もなかった。

「フォートレス・ゲイル」大演習に抗議する市民たち．沖縄人は戦争に抗議し続けた．1975 年の県道越え大砲実弾砲撃演習や 1987 年の北部国頭村安政町での垂直離着陸ハリアー戦闘機基地建設を中止させた（金武村ブルービーチ，1979 年 8 月）

ウチナーンチュの長い一日・一九九六年九月八日

一九九六年九月八日、沖縄は県民投票日を迎えていた。日米地位協定の見直しと基地の整理縮小を問う全国でも初めてとなる県単位での住民投票だった。法的な拘束力こそないものの、賛成多数となれば、基地の整理縮小を求める県民の総意が得られることになる。

この年の四月に日米特別行動委員会(SACO)で普天間飛行場など一一施設の返還が合意され、基地問題は前進を見せていた。しかし、大半が県内移設条件つきであったため、県民の不満は強かった。

この日、沖縄で生まれた人間の一人として、私も投票に参加したいという気持ちを抱きながら、沖縄の各地を回った。

午前六時半、那覇市役所真和志支所。日曜日なので人や車が少なく静かだが、支所の前には、大田昌秀知事の投票を取材する報道関係の車が集まっていた。七時三分、大田知事夫妻が会場に現れた。投票箱の前に立つ知事に向かって、カメラのフラッシュが一斉に光った。

午前九時一〇分、普天間第二小学校投票所。仲村清子《すがこ》さんに会った。一年前の一九九五年の

左：各種戦闘訓練に沖縄人の怒り．朝鮮戦争，ベトナム戦争，次々と起こるアメリカの戦争に故郷を利用されたくないという気持ちはやがて怒りとなる(恩納村，1989 年)．右：キャンプ・ハンセンでの訓練(1989 年)

左：沖縄民間人の車と小型ミサイルを搭載した軍用ジープ．「フォートレス・ゲイル」では県道を走るのも演習の一部だった．沖縄の陸，空，海が米軍の演習場所になっている(1979 年 8 月)．右：都市ゲリラ対戦訓練場．北部訓練場ではジャングル戦を想定しての訓練をおこなっていた．恩納村のキャンプ・ハンセンには都市型戦闘訓練場があった(キャンプ・ハンセン内，1989 年)

一〇月二一日の県民総決起集会で、高校生代表として基地に対する気持ちを発表した清子さんも、琉球大学の一年生になっていた。

――今日の投票をどう考えていますか。

「沖縄の人は優しいから、基地に反対していても、基地で働いている親類や身近な人々に気兼ねして大きな声で自分の気持ちを表現できない人もいました。今日は本当の自分の気持ちを投票で表現すると思います」

午前一〇時三〇分、沖縄戦の激戦地となった嘉数高地。高地に立って普天間基地を見渡しながら、浦添市の県立陽明高校の新城俊昭先生は語る。

「沖縄の平和教育は沖縄戦で止まってしまっています。基地の問題にはあまり触れない。基地の存在を許して沖縄から平和を発信することはできません。沖縄は沖縄戦、基地による被害を強調するが、ベトナム戦争では沖縄の基地が最大限利用されたように、加害者の立場に立ったこともあることを考えなくてはならない。その点、大人と比較して被害者意識の少ない若者は、基地の意味を正確に考える潜在力を持ち、九月四日、五日に行われた「高校生の県民投票」では、高校生の基地に対する関心の深さが表明されました。若者の基地に対する意識がさらに強くなることを望んでいます」

投票を行った高校は六三校。県内の全生徒数四万一六五三名のうち三万六一三九名が投票、投票率は八六・八パーセントと、大人のそれを大きく上回った。結果は基地の整理縮小に賛成が六七パーセント、反対一二パーセント、分からないが一九パーセント。日米地位協定の見直しについては、賛成七五パーセント、反対五パーセント、分からないが一八パーセントだった。

ホワイトビーチに寄港する原子力潜水艦．勝連半島の先端にあるホワイトビーチは海上自衛隊も共同使用している．ヘリコプターを積む空母，強襲揚陸艦も着岸し，海兵隊の出撃基地にもなっている（1990年）

左：湾岸戦争出動前の米兵たち．湾岸戦争では沖縄の米兵8000人が出動した．日本に駐屯する米軍は東アジア，太平洋，インド洋などで戦争が起こったとき，緊急に出動するために存在すると1991年，米フォード国務次官は語った（潟原ビーチ，1990年）．右：潟原ビーチでの軍事演習（1990年）

午前一一時四〇分、普天間基地内にある自分の土地を返還させて佐喜眞美術館を建てた佐喜眞道夫さんを訪ねた。佐喜眞さんは熊本で生まれ育ち、大学に入ってから東京で二七年間生活していたが、故郷の沖縄にこだわりを持ち続けてきたという。

一九八三年秋、画家の丸木位里さん、俊さんとの出会いや友人たちの励ましもあって、普天間基地にある自分の土地に美術館を建てることを決意し、防衛庁施設局と交渉を開始した。

施設局員には冷たい対応をされたが、普天間基地内の米軍不動産管理所長のポール宜野座氏は美術館を建てるという話に関心を示した。また佐喜眞さんの要請を受けて桃原正賢・宜野湾市長は、基地将校との連絡会の場で美術館建設を話題にした。佐喜眞さんは、渋る防衛庁施設局に対し、建設用地を返還しない場合、基地内にある他の土地の借地契約も応じないなどの強い姿勢も見せた。

一九九二年に五五〇坪の土地が返還され、九四年一一月に美術館は完成した。佐喜眞さんも沖縄に移り、鍼灸院と美術館の経営を始めた。

「ねばり強い姿勢を持ち続ければ、これまで不可能と考えられていたことも可能になる。沖縄の気持ちは東京政府には分からない。今度の投票で沖縄の人々は自分の意思をはっきりと示

潟原ビーチでの軍事演習．ベトナム戦争後も，沖縄の米軍は湾岸，アフガニスタン，イラクに派兵された．今後の戦争にはどのようにかかわっていくのだろうか(1990 年)

潟原ビーチで上陸訓練をするアメリカ海兵隊．この部隊は訓練の後，湾岸戦争へ出動した．訓練を眺める子どもたちの目にこの国はどう映るのであろうか(潟原ビーチ，1990 年)

すことが大切だ」と佐喜眞さんは語った。

午後一時二〇分、嘉手納町勤労者体育センター。投票を終えて会場を出てきた小学校教員の知花美江子さんは次のように語った。

「これまでの選挙で、投票によって自分の意思表示をしてきたつもりですが、その意思がなかなか中央へ伝わらないもどかしさを感じていました。高校生のときからベトナムを爆撃するB52の撤去運動などに参加してきたが、基地の厚い壁に突き当たり、自分たちでは基地を動かすことはできないのではないかと弱気になっていました。それが、今度の米兵事件の被害者の少女が「こうしたことは私を最後にしてほしい」と発言したことを聞いて、大人として真剣にこの言葉を受け止めなければならないと感じました」

午後二時三〇分、読谷村投票所。タクシー運転手の当山光秀さんは、残波岬近くの通信基地に土地を貸しているという。

「私としては、基地縮小賛成に丸をつけるのは当然と思っている。しかし、三〇〇坪ほどの土地を貸して、年に三四〜三五万円ほどの地代が入ってくるし、黙認耕作地として自由に使えるので、砂糖キビを植えてその収入もある。月給が安いので、正直に言ってそれらの収入がな

左：勝連半島のメース B 基地．核弾頭中距離誘導ミサイル・メース B は勝連半島，読谷村など 4 カ所に配備されていた(1969 年)．右：北部基地で行われたホークミサイル発射テスト(1970 年)

左：常に最新兵器のある沖縄．世界最大の軍輸送機ギャラクシー．世界最初の垂直離着陸攻撃機ハリアー(嘉手納基地，1997 年)．右：フォートレス・ゲイル訓練中の米兵(キャンプ・ハンセン，1979 年)

くなると困る、という気持ちがある」

午後四時、金武町投票所。金武町には海兵隊のキャンプ・ハンセンがある。一年前の九月に米兵による少女暴行事件が起きたときにマスコミの取材が押し寄せたせいで不信感があるのか、市民はこちらの質問に対しても言葉が少ない。

金武町は、アメリカ兵相手のバーが最も多い。ベトナム戦争時と比較すると利

「伊江島のガンジー」こと阿波根昌鴻さん．米軍による土地の強制接収に対し，伊江島の住民は島ぐるみで返還要求闘争をおこなった．阿波根さんはこのとき87歳，お元気だった（伊江島，1990年）

用者は大幅に減ったが、生活の糧を基地に求める人は多い。ここの投票率は五一・七パーセントと低かった。

午後六時三〇分、開票所となった沖縄市役所で、反戦地主の有銘政夫さんの話を聞いた。

「結果がどう出ても、県民投票が実施されたことは有意義なことだ。投票に向けてあらゆる階層の人々が動き、基地に関心を持った。投票をしなかった人々がすべて（基地の整理縮小・日米地位協定見直しに）反対とはいえない。心情的には基地をなくしたいが、基地収入のことを考えると賛成、反対どちらにも積極的に丸をつけられない人たちが投票所に行かなかったのだろう。だが、白票を投じてでも、足を運んでほしかった」

左：仲村清子さん(普天間第 2 小学校県民投票所，1996 年 9 月 8 日)．
右：県民投票を行う大田昌秀知事夫妻(那覇市，1996 年 9 月 8 日)

県民投票の最終開票結果は、有権者数九〇万九八三二人のうち投票率は五九・五三パーセント。投票総数五四万一六三八票のうち賛成票四八万二五三八票、反対は四万六二三二票、つまり基地整理・縮小と日米地位協定の見直しには八九・〇九％が賛成であった。

午後九時四五分、県庁四階で大田知事の記者会見が始まった。アメリカ人ジャーナリストが「アメリカに対しての意見は？」と問いかける。

「沖縄をアメリカの領土のように考え、沖縄の経済は我々が支えているという考えを持っているアメリカ人も多い。現実の問題として海、空、土地を沖縄の人は自由に使うことができない。このような状態で沖縄に主権があると言えるだろうか。ワシントンにアメリカ人が自由に使うことのできない沖縄のような土地があるとしたら、アメリカ人はどう考えるか。逆に私の方から質問したい。

アメリカ、日本の両政府は基地の存在は住んでいる人々の安全を守るためと言っている。本当にそうであるならば、住んでいる人たちは自分の安全を守ってくれていると感謝し、喜ぶはずである。しかし、基地が経済発展、雇用拡大の妨げとなっているという県民の気持ちを投票結果が表している。平和と安全を守るという名目で弱い者を犠牲にすることは、許されるべきではない。戦後、土地の強制収用に対し、島ぐるみの闘いをした。これは、島の民主主義をつくりあげ、沖縄の人間が自らの意思を公にする大切な過程だった。現在もそうである。今後、基地縮小に際し、いろいろな利害関係がこれまでにないほど表面化してくる。たとえ基地が明日、撤去されるとしても、不発弾、自然破壊、そのほか難問ばかりが残される。我々はそれらの困難を克服しなければならない」

記者会見が終わり、県庁を出たときは午後一一時をすぎていた。長い一日だった。

大田昌秀知事

一九九〇年一二月の知事就任から一九九八年一二月の退任までの間に、大田昌秀知事は、基

左：米兵は取材によく協力してくれた．アメリカ人のもつ陽気さは得難いものがある（北谷町，1989 年）．右：キャンプ・ハンセン前の歓楽街．復帰後，円高の影響で廃業したバーも多い（金武町，1990 年）

左：嘉手納カーニバル．年に一度，兵士と市民の交流を目的に開催され，基地も公開された（1989 年）．右：北谷町の美ら海ハンビーエリア．復帰前は海兵隊の飛行場があったが沖縄人の雇用はなかった．返還後は雇用も生まれ，沖縄経済に貢献している（2010 年）

地のない「平和な島」づくりのために多くの行動をとった。

　私がとくに印象に残っているのは、沖縄戦で犠牲になった人々の名を刻んだ平和の礎の建設と、軍用地の代理署名拒否だ。

　一九八五年、ワシントンにあるベトナム戦争で戦死した米兵の名を刻んだ壁のある記念碑公園を訪ねた。戦場で一緒になった兵士の名を見て当時

黒い怪鳥・新型 F22 戦闘機．長野県に住んでいると 1 機のヘリコプターの騒音も気になる．各種軍用機が飛んで回る沖縄上空は犯罪的空間である（嘉手納基地，2009 年）

のことを思い返しながら、長い時間壁を見つめていた。しかしそこには、ベトナム人戦死者の名はなかった。大田知事は沖縄に平和の礎を建てるにあたってそのワシントンの碑を参考にしつつ、沖縄戦で死んだ人の名を国籍を問わず記すことにしたとのことだった。私は平和の礎には何度も行っているが、六月二三日の慰霊の日には、遺族が亡くなった人の名前に花や線香、菓子、泡盛などを並べて供養している様子をいつも見ている。

ベトナムの戦場で傷つき死んでいく民衆を見て、農村への攻撃を続ける米軍に怒りを感じたが、ワシントンの壁に刻まれた戦死者は気の毒だと思った。政府の過った政策のため戦死させられた兵士は、政治の犠牲者だった。これは戦争をしている

普天間基地に着陸する KC130 空中給油機．基地は人口 9 万 3000 人の宜野湾市の中心にあり，基地の周囲には小学校 10，中学校 5，高校 4，大学 1 ほか保育所 50，病院や公民館など公共施設がたくさんある．基地内には 2800 メートルの滑走路があり頻繁に離着陸を繰り返している．すごい騒音にびっくりした（普天間基地，2014 年）

他の国の人々についても同様だ。

一九九五年九月四日、三人の米兵が小学生の少女を暴行するという事件が起きた。一〇月二一日に宜野湾海浜公園で行われた抗議集会には、八万五〇〇〇人が結集した。それは、一九五五年に六歳の少女が米兵に暴行殺害された「由美子ちゃん事件」などの、米兵による多数の犯罪に対する沖縄の人々の怒りの表明であった。

大田知事はこの年に軍用地代理署名を拒否した。日本は安保条約にもとづいて米軍の基地使用を認

ベースサイド 真栄原

普天間基地に並ぶオスプレイ（2014 年）

めている。基地の土地は防衛庁施設局が地主と借地契約をすることになっている。地主が契約を拒否した場合、軍用地特別措置法で強制収用権を行使、土地所有者の市町村長に署名の代行が求められることになる。

市町村長が拒否したときは、知事が代行することになる。知事も拒否すると、国が知事に対して職務執行「勧告」を出し、従わない場合は「命令」。それを拒否したときは総理大臣が訴訟を起こす。裁判で知事が敗れたときには総理が署名する。国が知事を訴えた裁判の口頭弁論で、大田知事は、琉球王朝時代から沖縄が平和な島だったこと、明治政府が琉球を併合し軍事基地をつくったことから沖縄の実情を訴えた。しかし最高裁は米軍基地に土地を提供することとした特別措置法は憲法に違反しないと、大田知事の訴えを退けた。大田知事を訴えたのは村山首相だったが、村山首相は代理署名直前で退陣したために、実際に署名したのは橋本首相となった。最高裁敗訴後、大田知事は公告・縦覧を代行した。知事の立場は察したが、私個人としては拒否を通してもらいたかった。

私は国を相手にした裁判では多くの場合、裁判官は国側につくのではないかという印象を持っている。その後の嘉手納基地の爆音訴訟でも米軍機の飛行中止要求を認めず、高江のヘリパ

2004 年 8 月 13 日，沖縄国際大学に米軍ヘリコプターが墜落した．夏休み期間であったのが幸いだった．そうでなければ大惨事の可能性があった．米海兵隊は大学のキャンパスを封鎖して，県警察官も伊波洋一宜野湾市長も現場に近寄らせなかった．そのことに強く抗議しない日本政府に怒りを感じた（宜野湾市，2005 年）

左：市街地を飛ぶオスプレイ．沖縄人大多数の反対を押し切って 12 機が配備され，さらに 12 機が追加された．アメリカの言うことを聞くのが「国益」と考えている政府に国民の声は届かない（普天間基地，2013 年 9 月）．右：9.11 テロ後の基地はそれまで以上に厳戒態勢となった（嘉手納基地，2001 年）

左：嘉手納基地包囲抗議．ギャラクシー大型輸送機が着陸し，ゆっくりと滑走路を走っていた(1990年)．右：沖縄復帰25年の日，土地の基地使用に反対する反戦地主たちが嘉手納基地前でデモを繰り広げた(1997年5月15日)

左：嘉手納基地でウェーブが揺れた．嘉手納基地を，2万7000人が「人間の鎖」で包囲した．参加者たちは「基地を撤去しよう」とウェーブを繰り返した(2000年)．右：嘉手納基地包囲デモ．沖縄サミットに集まった各国首脳・報道関係者に沖縄の人々は「基地は必要ない」と訴えた(2000年)

ッド建設に反対する住民を国が訴えた裁判でも、伊佐真次さんに基地建設を妨害したとする判決を下している。

代理署名拒否は、大田知事による基地反対・戦争反対の意思表示であった。その点において、辺野古埋め立てを承認してしまった仲井眞知事とは決定的に違う。

米兵の犯罪

二〇一一年一一月二八日夜、那覇市の居酒屋で田中聡沖縄

オスプレイ配備反対県民集会．KC130は普天間から岩国へ移ったが，オスプレイ24機など50機が常駐する危険な基地である（2012年9月9日）

防衛局長と沖縄のメディアや本土メディア支局員との懇談会が行われ、その席で驚くべき暴言が飛び出した。辺野古新基地建設をめぐる環境アセスメント報告書の政府から県庁への提出について、一川保夫防衛相が「年内に提出できる準備をしている」との表現にとどめ、年内提出実施の明言を避けていることはなぜか、と問われた田中局長は、「これから犯しますよと言いますか」と述べたというのだ。

多くの人と同様、私もこの発言に怒りを覚えた。沖縄の人たちが拒否している辺野古移設を無理に進める姿勢から「犯す」という言葉になったのだろう。軍用機の騒音被害、米兵による犯罪によって長年苦しめられている沖縄に向かって、このよ

ここに集結した人々はオスプレイだけでなく基地のない平和な島を望んでいる．10 万人の声が響いた（宜野湾市，2012 年 9 月 9 日）

辺野古のフェンス．辺野古新基地建設反対と言って当選した仲井眞弘多知事は，公約をひるがえして建設を許可した．しかし沖縄人はひるまない．基地反対の戦いは続く（2012 年 9 月）

ヘリパッド建設に反対する人々．2008 年，国は座り込みを続ける 15 人を「通行妨害禁止仮処分」として訴えた．うち 13 人は却下されたが，安次嶺現達さんと伊佐真次さんの控訴に対し伊佐さんだけに敗訴の判決を下した．伊佐さんは「正義は勝ちます」と闘い続けている（高江，2014 年）

うな表現を使うなどということは、人の気持ちをまったく理解できていない証拠と言える。

「犯す」という言葉は、一九九五年の少女暴行事件を連想させるものでもあったのだが、一二月一日には一川防衛相による「(少女暴行事件について)くわしいことは知らない」という発言も人々を悲しませた。

オスプレイ強行配備が行われた直後の二〇一二年一〇月一六日にも、米兵二人が帰宅途上にあった女性を襲うという暴行事件が起こっている。

しかも犯人が基地に逃げ込んだり、基地外で沖縄警察に逮捕されても「公務中」の場合は沖縄警察には取り調べの権限がないという地位協定が定められており、米軍に裁かれることで刑が軽減されたり無罪となるケースが多い。

米兵の沖縄人に対する性的暴力の歴史は長い。米軍上陸後、一九四五年には強姦事件が三五件、四六年に三九件、四七年に三六件と毎年続いている。被害者には少女も多かった。

一九六一年から七一年までの一〇年間では米兵の性的暴行事件は一九八件申告されているが、検挙数が八七人しかいない。これは地位協定によるものである。復帰後の七二年から二〇一二年までの米兵による犯罪の数は五八〇一件にものぼる。このうち凶悪犯として性的暴行事件での検挙は一二八一人、殺人二六人、強盗三九一人。このほか傷害、窃盗、わいせつ行為など。性的事件は被害者の届け出が少なく、この数字は氷山の一角にすぎない。

四〇年目の島めぐり

九〇年代から二〇〇〇年代にかけて、沖縄の基地から湾岸戦争、アフガニスタンとイラクでの戦争に米兵が派遣された。民主党・鳩山政権の普天間基地の国外移設は挫折し、逆に菅政権では辺野古移転が日米合意となり、野田政権に引き継がれた。海兵隊のグアム移転、嘉手納基地以南の六基地の返還も不透明だ。

米軍基地だった沖縄市のサッカー場．ここから大量の枯葉剤が入っていたと思われるドラム缶が発見された．しかし米軍は枯葉剤の存在を否定している．ベトナム戦争で米軍が散布した枯葉剤によって，ベトナムでは現在も先天性障害をもった子どもが生まれている（2015 年）

二〇一二年五月一五日、朝から雨が降ったり止んだりする中、沖縄各地の撮影に向かった。

復帰後、ひめゆりの塔は観光地となっている。学徒隊員の死が戦争の悲しみを次の世代に伝える力となれば、彼女たちも少しは報われるにちがいない。平和の礎にも本土からの観光団や修学旅行の生徒が訪れている。四〇年前の復帰の日にはまだ平和の礎は建っていなかった。普段は宜野湾市の上空を騒音をまき散らしながら飛んでいるヘリコプターや軍用機も、この日はまったく見られず、静かだった。

南風原文化センターへ立ち寄った。学芸員

の平良次子さんは対馬丸の沈没から生き残った啓子さんの娘さんである。生き残ったからこそ、命が次世代につながれていく。

辺野古へと向かう。雨が激しくなった。辺野古に座りこんでいる人たちは、那覇市で行われている抗議行動に出発していた。与儀公園では、「日米両政府の基地政策に抗議する五・一五県民大会」が開催されていた。政府と県主催の「沖縄復帰四〇周年記念式典」会場の沖縄コンベンションセンター周辺では、式典反対のデモ行進。普天間基地では「オスプレイ配備を断じて許さない怒りの県民集会」が行われていた。

辺野古からCTS(石油備蓄基地)のある平安座島・宮城島へ寄った。一九七〇年、私は宮城島で起こったCTS反対運動の中心になっていた首里牛善さんの家に泊まって、七三年まで宮城と平安座を撮り続けた。当時、宮城島へは半島から小さな連絡船で渡ったが、今では勝連半島と平安座島は海中道路、平安座島と宮城島の海峡は埋め立てられ石油タンクが並んでいる。

五・一五の島内めぐりの旅を終えて、那覇へ戻った。四〇年前と比較すると市街には大きなビルが建ち住宅も良くなっている。しかし、基地は四〇年前と変わらずに残り、県民の所得は全国最低、失業率は最高率である。

オスプレイ配備反対県民集会

二〇一二年九月九日に行われた「米軍オスプレイ配備に反対する県民集会」に参加した。前日の八日には辺野古へ行き、そこから東村・高江へ回った。昔と違い道路が整備され、バスが通っている。しかし、森林と畑が多く、人影は少ない。

ヘリパッド建設予定地の前には、移設反対のスローガンがたくさん貼ってある。「ヘリパッドいらない住民の会」の阿部小涼さんから説明を受けた。一九九六年の日米政府の話し合い（SACO）で北部訓練場の半分は返還が決められた。しかし、二二カ所あるヘリパッドのうち七カ所を東村に移設することが条件となっている。東村は当然騒音や危険が増す。オスプレイも離発着することになる。ここでも工事を強行しようとする米軍・日本政府と反対する人々との衝突が生じている。

高江を後にして沖縄市に向かった。太鼓と踊りで先祖を慰霊するエイサー祭りが行われていた。太鼓の響きと共に勇壮に立ちふるまう若者の姿に感動し目頭が熱くなるのを感じた。

九日、路線バスで大会会場へと向かう。県バス協会の協力で無料乗車券が配られていた。いきな計らいである。

二時間半前に会場に着いたが、続々と集まってくる人と会場に活気があった。大会が開始される前にできるだけ参加者の話を聞きたいと思った。これまでの大会にはすべて参加したという人が「この出足だと今日は大勢の人が集まりますよ」と語る。オスプレイにレッドカードをつきつける赤いTシャツを着た人も目に入る。

氷の入った水がたくさん用意されていた。簡易トイレも並んでいる。ボランティア実行委員の大会にかける熱意が感じられた。幼児を連れた家族連れも目立つ。子どもたちに歴史の節目となる大会を体験させたいという思いがあるのだろう。

仲井眞弘多知事の不参加には「あの人にはあまり期待していません」「大会はこれで終わりではない、次には来てくれるでしょう」と様々な声があがったが、ヒートアップする会場の熱気の中で知事の存在感は薄かった。

オスプレイは試作早々から機体の欠陥が見つかり、墜落の危険性を指摘されていた。しかし、沖縄への配備が決められているにもかかわらず、日本政府はその危険性を隠そうとしてきた。政府への不信感も県民大会には表れていた。

一九八七年、米海兵隊は使用中のＣＨ46ヘリコプターに代えて新型機ＭＶ22オスプレイの沖縄配備を計画した。

九一年にはアメリカで試作機が墜落して二人が軽傷、九二年には墜落で七人が死亡している。二〇〇〇年にも四月に墜落して一九人が死亡、一二月には四人が死亡している。二〇一〇年はアフガニスタンで墜落し四人が死亡。一二年には四月にモロッコで二人が死亡、六月にはアメリカで五人が負傷。このように事故が相次いでいる。

沖縄では、いち早く米軍の普天間配備と墜落事故の情報を得て、配備反対の声をあげていたが、日本政府は配備の事実については知らないと言いはり、安全性については調査中という態度を貫いてきた。

二〇〇〇年に海兵隊のジョーンズ司令官が沖縄への配備を明言し、〇五年にも普天間基地へ一二年に配備するとの計画が判明した。しかしこれも町村信孝外相は「現時点で決まっていない」と否定した。日本政府が米海兵隊は従来のＣＨヘリからオスプレイに代えると公式に認めたのは、二〇〇六年のことである。しかし、オスプレイは六つの欠陥があり、最も危険なのは、エンジンが止まってしまったときに不時着するためのオートローテーション（自動回転）装置と呼ばれる機能がついていないことだと言われている。アメリカの事故調査委員会がこの欠陥を認めているにもかかわらず、日本政府は安全を強調している。

オスプレイの撮影

県民大会の直後の二〇一二年一〇月一日にオスプレイは強行配備された。さらに一三年の九月にも追加配備が行われ、現在は二四機になっている。米軍と日本政府は、沖縄人の気持ちなど「どこ吹く風」といった様子だ。

オスプレイの数が増えると、それだけ墜落の危険性と騒音も大きくなる。二〇一三年の九月と一〇月にオスプレイの撮影に行ってきたときにも、それを肌で感じた。

普天間基地を一望できる沖縄国際大学の屋上で待機した。ベトナム戦争撮影中、ヘリコプターには数知れず乗ったことがあり、ローターが回る独特の飛行音にすぐ気づいた。やがてパタパタという音がしたので、その方向を眺めると、まさしくオスプレイが見えてきた。朝早くからどこかへ飛んでいき、さらに戻ってきたのだという。

緊張してカメラを構えた。配備から一年、基地近くの人々には見慣れた光景になってきたのかもしれないが、私にとっては初めて見る実際のオスプレイだった。空中のオスプレイに向かって、夢中になってシャッターを押し続けた。着陸時、滑走路を移動している様子を見つめ、いつまで沖縄に居座るのだろうと思わずにいられなかった。

沖縄であればよいのか

二〇一二年九月のオスプレイ反対県民大会の二日後、仲井眞知事と森本敏防衛相との会談を撮影した。森本大臣が配備への理解を求めて、仲井眞知事が反対の意向を伝える形となった。私の目には茶番としか映らなかった。森本大臣としてはあくまで形式的な手続きにすぎず、知事の要請があったからといって国策が変更になるなどとは思ってもいないだろう。国は市民の要望よりも国策を優先させる。だから、ほとんどの県民と知事、県議会、四一市町村と議会がオスプレイ配備に反対したにもかかわらず、強行的な手段に出るのだ。それに政府は、多くの「国民」に選ばれた政権であるという自信を持っている。

二〇一二年七月の『沖縄タイムス』による全国知事に対するアンケートでは、オスプレイの配備について、「どちらとも判断できない」が七、「その他」が二三、無回答が一〇。はっきりと反対しているのは、和歌山、岡山、広島、山口、徳島、高知の六県だけだった。この状況は明らかに多くの知事が政府を支援していることを物語っている。

一一月に開催された九州市長会での決議案では、沖縄が提出した「沖縄県へのオスプレイ配備撤回を求める」という文が削除された。鹿児島県志布志市・本田修一市長は「配備撤回の決議をすると、沖縄県以外の県に持ってきてもいいと意味することにならないか」と発言している。ほかにも「国防に関する問題は市長会での決議案にふさわしくない」などの意見が削除の原因となったという。

「沖縄の過重な基地負担の軽減を求める」と決議案は修正されたが、アンケートからは、全国の知事・市長が、「沖縄の基地負担軽減、オスプレイ配備反対」と口では言っても、「自分の県に回されるのはイヤ」という気持ちが表れている。これこそが、沖縄への強行配備の背景になっていると思うのだ。

辺野古基地を拒否した知事選

二〇一四年一一月一六日、沖縄の知事選挙が行われ、前那覇市長・翁長雄志氏が三六万八二〇票で当選した。事実上一騎打ちとなった現職の仲井眞氏は二六万一〇七六票。有権者数は一〇九万八三三七人で、投票率が六四・一三パーセント、前回の六〇・八八パーセントを上回る結果となった。

今回の知事選は、辺野古新基地建設を沖縄人が認めるかどうかを問う選挙だった。結果は拒否だ。もうひとつの特徴は、沖縄自民党の幹事長も務めた翁長氏を、これまで対立してきた共産党・社民党・沖縄社会大衆党の革新政党が支持したことだ。

支持の理由は、翁長氏は辺野古新基地に反対の立場をとったからだ。翁長氏は那覇市長時の二〇一二年、オスプレイ配備に反対する保守・革新を超えた沖縄全四一市町村の首長、議会議長、県議、市町村議員など一三〇人余りが建白書を安倍晋三首相に突きつけるという行動の中心的役割を担った。私自身、翁長氏が当選して良かったと思っている。

辺野古での三日間

二〇一五年一月一四、一五、一六日と、沖縄へ取材に行った。年末の衆院選の影響で辺野古埋め立て工事は中断されていたが、それが再開されるという知らせが届いたからだ。いてもた

キャンプ・シュワブ旧正面ゲートで警備員に向かって平和な沖縄を語りかける座り込み参加者(2015 年 1 月 15 日)

ってもいられなかった。

一四日、空港からいつも沖縄取材を手伝ってくれている中根修さんの自動車で辺野古へ直行した。一般道では、海兵隊の装甲ジープが走っている。私の目には異様な光景に映る。現地の人たちは見慣れているというが、その状況こそが異常だ。辺野古新基地が沖縄の人たちにとって見慣れた光景になってしまうことは避けねばならない。

キャンプ・シュワブの新しいゲートの前には大勢の市民が集まっていた。旧正面ゲートは現在、資材運搬ゲートとなっているが、その前でも座り込みが行われていた。「座り込み抗議」「オスプレイ配備反対」「戦争のための基地はいらない」などのプラカードが目に入る。

左：座り込みを続ける男性を機動隊が強制排除する．昼は一般通行者の目もあるので，警官が「説得」し連れ去る（キャンプ・シュワブ前，2015 年 1 月 15 日）．右：抗議する座り込み参加者．強制拘束は差別である（2015 年 1 月 15 日）

様々な人たちが演説をする中で、私も突然、沖縄出身のカメラマンとして発言を求められたので、ベトナム戦争のときのように辺野古新基地が利用されてアジアの同胞が殺されるようなことがあってはならない、と話をした。座り込みを続ける人たちの思いに応えたいという気持ちからだった。

海上工事の再開が予想された一五日は、前日よりも多い約三〇〇人の人が集まっていた。夜を徹して座り込んでいる人も多い。けれども人だかりには賑やかな活気がある。夫が夜通し座り込んでいるという保育士は、自らも休暇を取って駆けつけ、ゲートを封鎖している若い機動隊員にむかって「沖縄を基地のない平和な島にしましょう」と語りかけていた。読谷村から参加した「辺野古の歌姫」を自称する女性は歌声を響かせる。小学校の教員だったという七二歳の男性は身振り足振りよく踊りながら歌った。最後には、「カチャーシー」という踊りをみんなで愉しんでいた。長期にわたる抗議活動をたたかいぬくための、こうした柔軟性がいかにも沖縄的だと思った。

一六日、キャンプ・シュワブの浜にはボーリング調査の事前工事に必要な重機や浮桟橋があった。海上保安庁保安官の乗る特殊ゴムボートが並んでいる様子は軍港のようである。

新空港建設に反対する一九艇のカヌーが近づくと「この辺りは臨時立ち入り禁止区域になっている。すみやかに退去してください」というメガホンによる注意が繰り返された。黒い潜水服にシュノーケル、ヘルメット姿の海上保安官の乗った特殊ボートが、カヌーの動きを阻止するようにあちこちから集まってくる。

カヌーがオイルフェンスを越えて中に入ると、特殊ボートに乗った保安官が近づき、カヌーに飛び乗る、海中からひっくり返すなどして、抗議する市民を拘束していく。こうした様子を見ていると、辺野古反対の沖縄の民意を無視する安倍政権の恐ろしさを改めて感じる。

キャンプ・シュワブ前で抗議する人々．2013年12月27日，辺野古移設を承認した仲井眞知事の記者会見をテレビで見た．本土政府権力者に寄り添い年間3000億の振興予算を獲得したことを強調する姿を見て情けなく思った（2015年1月15日）

ゲート前で沖縄の即興乱舞「カチャーシー」を踊る抗議参加市民．三線あり歌あり，これが沖縄式抗議活動．機動隊員も一緒に踊ればさらに沖縄らしいと思った（2015年1月15日）

カヌーに乗り非暴力で辺野古基地移設に反対する市民と，警備にあたる海上保安庁保安官（2015 年 1 月 16 日）

不正義に勝利はない

辺野古海上で、新基地建設に反対しカヌーに乗って抗議活動をする市民と近代式ゴムボート上の海上保安庁保安官との争いを見ていて、ベトナム戦争を思い浮かべた。特別訓練を受けている海上保安官は体格もよく南ベトナム政府海軍特殊部隊兵、ゴムボートは海軍特殊艇に見えた。市民カヌー隊は南ベトナム解放民族戦線のゲリラである。

若い女性もいれば年配の男性もいる。屈強な海上保安官と比較するといかにも弱々しく見える。オイルフェンスを越えて工事現場に入ったカヌー隊は、たちまち拘束されてしまった。

海上保安庁保安官(2015 年 1 月 16 日)

カヌーを鉤で引き寄せ抗議する市民を押さえ込んで拘束する海上保安官
(2015 年 1 月 16 日)

南ベトナム政府軍はアメリカから支給されたジェット戦闘機、ヘリコプター、戦車などの近代兵器を備えていたにもかかわらず、解放軍に勝つことはできなかった。なぜか。ベトナムの人々の民意から離れた政策をとっていたからである。

ベトナム戦争では、いちカメラマンにすぎない私の目からも、南ベトナム政府と支援するアメリカ政府に勝利はないと、はっきり分かっていた。

今、安倍政権は国家権力をもって反対する沖縄の民意を抑え込み、基地建設を強行しようとしている。これは民主主義に反する不正義である。辺野古に座り込む人々、カヌーに乗っている人や基地に反対している人たちは、平和な沖縄を築こうとしている。不正義に勝利はない。

沖縄は私の故郷である。私たちは基地建設を許してアジアの同胞に対し加害者になるべきではない。

第 7 章　故郷を思う

牛は怒っているが，人はのんびり(安慶名，1973 年)

夏の甲子園大会の思い出

一九九〇年はすばらしい夏だった。

八月一九日、原宿でピースボート主催の集いで講演をすることになっていたが、大変困ったことには、私の話をする時間と、沖縄水産高(沖水)が準々決勝で横浜商と対戦する時間と重なっていたのだ。時間の合間に少しでも見たいと思って会場内にテレビがないか探したが、どこにもない。街へ出てみたが日曜日だったので、喫茶店などのテレビのありそうな店は閉まっていた。仕方がないとあきらめていたところ、主催者が小型テレビを持ってきてくれた。とても嬉しかった。

講演の途中に控室に戻ってきてテレビをつけてみると、六回の表が終わり、それまで沖水がリードしていたのに、ちょうど同点に追いつかれたところのようだった。しかし、その裏に二塁打、三塁打と長打が続き、再び二点をリードした。このときに、今年の沖水は強いと思った。強豪・横浜商に対して呑まれることなく落ち着いて試合をしている。最後には勝つだろうという安心感もあった。横浜商に勝ったら明日の早朝に甲子園に見に行こうという気持ちになった。

左：甲子園準優勝の沖縄水産(甲子園，1990 年)．右：決勝戦，沖水の一投一打に一喜一憂するスタンド(甲子園，1990 年)

2010 年夏の優勝投手・島袋洋奨．興南高はこの年の春も優勝．145 キロの速球に威力があった(甲子園，2010 年)

左：我喜屋優監督は沖縄代表初の「夏」優勝，初の「春夏連覇」に導いた(甲子園，2010 年)．右：興南高を応援するスタンドのオレンジカラー．満席のスタンドは沸きに沸いた(甲子園，2010 年)

現地へ行って選手と共に決勝を目指そう、そんな気持ちになって見ていたら、沖水は準決勝進出を果たした。

朝六時の新幹線に乗った。甲子園に着いたときは、まだ第一試合が始まる前だった。広島代表の山陽高は三塁側ベンチである。私はネット裏で観戦することもできたが、アルプススタンドで応援すると決めていた。試合開始前から応援団は盛り上がっている。関西在住の沖縄県人会の人が多いようだったが、東京や川崎などの県人会からも駆けつけていた。

沖水が優勢のうちに試合を進めたので、応援席は明るいムードでいっぱいだった。点が入るたびにスタンドに歓声があがった。空は晴れわたりとても暑く、試合が終わったときは汗でびっしょりになったが、私たちにとって気持ちの良い汗だった。

決勝進出が決まったとき、沖縄県民はまだ半信半疑のような気持ちだったのではないか。少なくとも私はそうだった。一九五八年に首里高校が初の沖縄代表として甲子園大会に出場してから三三年目にあたる。いろいろな点から本土との格差を身にしみて感じていただけに、野球も例外ではなかった。いつかはこの日もくるだろうとは思っていたが、これほど早く実現するとは思っていなかったのだ。

捨てられた「甲子園の土」

一九五八年に甲子園に初出場した首里高は、第四〇会記念大会における全都道府県から一校ずつ選出される記念出場の恩恵に浴したものだった。それまで南九州予選の壁は厚く、早々と敗退してそのつど本土との力の差を思い知らされていた。

首里高が初出場した際、私は社会人野球協会の事務局で働いていたので、野球には関心を持っていた。首里高の甲子園出場は、沖縄の人々にとっても、私のような本土で生活している沖縄人にとっても、大変な出来事だった。復帰前はアメリカ民政府の発行したパスポートのような身分証明書がないと本土と沖縄を往来することはできなかったが、思想的な理由で身分証を発行されない人も多く、沖縄・本土間の距離は遠かった。沖縄の経済力は著しく低い状態で、まだ祖国復帰の見通しもない中で人々は生活していた。

首里高の甲子園出場は、沖縄の人々にとって単に野球だけのことではなく、一歩本土に近づいたことを意味した。希望の灯であった。しかも、首里は旧琉球王国の首府であり、また沖縄戦では徹底的に破壊された地域でもあったのだ。

入場行進では首里高は万雷の拍手をもって迎えられた。本土の人々も、沖縄の立場を理解していたのである。首里高の仲宗根弘主将の選手宣誓にも惜しみのない拍手が送られたが、それを見ていた沖縄の人々は胸がいっぱいになり、目頭を熱くした。一九五三年に始まったテレビ放送は、NHK、日本テレビ、大阪テレビ(現朝日放送)などが高校野球の実況放送を行ったが、現在のように全試合放送ということはなく、注目の試合や決勝戦などを実況した。

第四〇回大会は準々決勝で徳島商の板東英二投手と魚津高の村椿輝雄投手の延長一八回の末に〇対〇で引き分けるという球史に残る投げ合いが有名だが、私たちにとってはそれ以上に沖縄の甲子園初出場が記憶に深い。

首里高は一回戦で福井の敦賀高と対戦し三対〇で敗れた。敦賀高には気の毒だったが、球場の観客はほぼ全員が首里を応援していた。一九九〇年第七二回大会の取材のために甲子園に来ていた敦賀の出身でアサヒグラフの前田秀夫さんがこの試合のことを覚えており、「私たちも首里高の出場を喜んでいたので、他の高校との対戦だったらみんなで応援したけど、母校との対戦となると母校を応援しなければならず、つらかった」と当時の思い出を語ってくれた。

一回戦で敗退した首里高は船で那覇に帰り着いたのだが、甲子園から持ち帰った大切な土が検疫で認められず、船から海中に投棄しなければならなかった。入国管理局による身分証明書検査、税関による荷物検査、植物検疫検査など、外国と同じ扱いだった。

甲子園出場によって本土へ少し近づくことができたと喜んだ沖縄の人々は、この「甲子園の土」の投棄でまた現実に戻された。その後、このことを聞いた日本航空のキャビンアテンダントが「甲子園の石」を集めて首里高に贈ったという報道が、沖縄人の心を明るくしてくれた。

首里高初出場の四年後、一九六二年の第四四回大会は、安仁屋宗八投手の活躍で沖縄高校は初めて九州予選に勝って自力で甲子園に出場した。一回戦で広島の強豪・広陵高と対戦、四点をリードされた六回には沖縄打線が爆発して同点としたが、惜しくも六対四で敗れた。その後、安仁屋投手は広島と阪神でジャイアンツキラーとして活躍し、一一九勝をあげた。

一九六三年の第四五回大会も記念大会で、首里高が沖縄代表として出場した。二回戦から出場した首里高は、スタンドの指笛と拍手の大声援の中で日大山形高と対戦し、四対三で沖縄に甲子園史上初の勝利をもたらした。このときの沖縄人の喜びは、本土在住者も含めて大変なものだった。

沖縄人は優れた文化を持ちながら、琉球併合以降、押しつけられた本土化の中で、「何をしてもヤマトゥンチュ（本土の人）には勝てない」という劣等感を持たされ続けてきた。敗戦後は、沖縄の中央に存在する基地と広々とした庭を持つアメリカ人の家を見せつけられ、アメリカ支配のもと、ヤマトゥンチュだけでなくアメリカ人に対しても劣等感を抱かなければならなかった。首里高校の勝利は、そういう時代の中にあった。

サイゴンで聞いた興南高校の勝利

翌一九六四年、私は世界一周無銭旅行を計画し、日本を発った。六八年の第五〇回大会のころ、私はサイゴンで生活をしていた。日本を離れて四年がすぎていたが、ベトナム戦争の中で沖縄を考え、本土にいるときよりも沖縄に対する郷土愛が強くなっていた。

一九六八年の一月から二月にかけてテト攻勢があり、五月にもサイゴンでは激しい市街戦が続き、チョロンに近い街が破壊され、多数の兵士や市民に犠牲者を出していた。私の従軍取材生活も続いていたが、八月のある日、北部の戦場から帰ってきて朝日新聞サイゴン支局に立ち寄ると、興南高校が二回戦に勝ち進んだことを知った。甲子園が始まっていたのである。

その日から、戦場には出ないで、興南高の試合の結果をサイゴンで待った。朝日の支局にあるラジオはＮＨＫの海外放送ニュースで甲子園の様子を伝えていた。支局へ顔を出すと、朝日の柴田俊治、奥尾幸一、浅井泰範の特派員が「石川くん、今日も勝ったなあ」と興南高の勝利を教えてくれた。それから、近くの金華《キムホア》レストランで祝杯をあげた。

瀬長実監督の率いる興南高は準決勝まで進み、祝杯はそのつどあげられた。サイゴンでは、太平洋戦争の日本軍兵士として中国、ブーゲンビルなどで従軍し、カンボジアで敗戦を迎え、その後はベトミン軍と共にフランス軍と戦った當間元俊さん、『モーニングスター』の新垣武夫さん、フィリピン技術者と結婚していた山城清子さんと、たった四人の県人会をつくっていたが、みな興南高の勝利に大喜びだった。興南高は準決勝で敗れたが、そのときの対戦相手の興国高校が結果として優勝したので、「興南高は準優勝と同じだ」と、みなでやはり祝杯をあげたのだった。

甲子園を撮影

その一九六八年の一二月末には日本へ帰国し、四年間のベトナム生活を終えた。そして翌六九年に朝日新聞社へ入社し、七〇年の甲子園へ撮影に行くことになった。あこがれの甲子園、それはもう感動の連続の日々だった。しかし、残念ながら沖縄代表はそこにはいなかった。

甲子園の撮影で沖縄球児と会ったのは、一九七二年の第五四回大会が最初である。そのときの代表である名護高校と足利工との試合は、一生忘れることはできない。

三点をリードされていた名護高は反撃のチャンスを迎えた。ランナーを二、三塁において勢いに乗った名護高は、このチャンスに四番打者・平安山。さあ逆転、という場面で一二時となった。毎年、終戦記念日の一二時になると、試合を一時中断して五分間黙禱をささげて戦没者を慰霊する。名護高もプレイを一時中止して、選手たちは黙禱した。試合が再開され、沖縄ファンは名護高の反撃を期待した。しかし、残念ながら平安山は三振に終わった。その後は一点差まで詰め寄ったが、惜しくも五対四で敗れた。

試合後に平安山は、黙禱のあとに目を開いたら、外野スタンドの観客の白いシャツがまぶしくて投手の球が見えにくかった、と語った。足利工の投手は、目をすべてつぶらずに、少し開けていたという。黙禱が明暗を分けてしまう形になったが、私は、沖縄は甲子園においても戦争の影響をうけたのだなあと思った。

甲子園大会の取材を終えて二カ月ほど経ってから、本多勝一氏と初めて北ベトナムへ行った。

南ベトナムに住んでいたころ、一度は取材をしたいと思っていたのだ。長年の念願がかなって、香港経由の汽車で広州まで行き、南寧からハノイに入った。

その後もベトナム取材と甲子園取材を行ったり来たりした。一九七八年の第六〇回大会から一県一校出場制度になり、沖縄ファンは南九州大会の予選の結果を気にしなくてもすむようになった。この大会も豊見城高校が出場し、準々決勝で惜しくも延長サヨナラ負けを喫したが、沖縄代表は強いという印象が徐々に野球ファンの間に定着しつつあった。それだけに、以前のように球場全体が沖縄代表に声援を送るという雰囲気も薄らいできた。

とはいえ私は、沖縄の同胞と共に応援することで様々な感動を得てきた。感動は「人生の見えない財産」だと考えているが、甲子園はそれをたくさん与えてくれたのだ。

スクを捕る

一九九六年の夏、入院先の病院から外出許可が下りた兄と一緒に、本部半島の先端にある備瀬の民宿「岬」に行った。備瀬に来ると、私たちは釣りをしたり、付近を散歩したりして、四、五日をすごす。沖縄に親族は多いが、両親と弟が亡くなったので、兄と一緒に過ごす時間は、私にとって心休まる時間だった。

備瀬では、スクが海岸に来ているというので、地元の人たちが集まっていた。沖縄ではアイゴの稚魚のことを「スク」と呼んでいる。三センチくらいに育った稚魚の大群が、海藻類を食べに旧暦の六月一日(七月一六日)の大潮前後、海岸に押し寄せる。そこを一網打尽にしようというのがスク漁である。

藻を一度でも食べると、稚魚は緑色に変わり、藻の匂いがつくので、その前に捕獲しないといけない。業者によって塩漬けにされたスクは、スクガラスという名で市販される。

那覇の市場には、スクガラスのビン詰めが並んでいる。中指の先程度の大きさに切った豆腐の上に、一匹のスクガラスをのせて食べるのが一般的である。ご飯のおかずというよりも泡盛やビールの肴とすることが多い。

藻を食べたスクは商品にはならないので、海岸に近づいた瞬間のスクを捕らえなければならないという一年に一度のスリルに富む漁である。

私は一〇年以上、毎年のように備瀬へ通っているが、スク漁にぶつかったのは初めてだった。せっかくなので、舟に乗せてもらうことにした。時間は早朝六時。一〇人の漁民が二隻の舟に

備瀬から眺めた珊瑚礁．右方向に伊江島のタッチュー(城山)が見える．珊瑚礁と伊江島の間を本土と沖縄を結ぶ大型船が往来する．小さな舟は「スク」を追っている人たち．私の少ない体験では，沖縄の海は世界有数の美しさだと思う(1996 年 7 月)

左：スク漁が終わって陸地にもどる舟．美しい海．私は今海のない長野県に住んでいる．沖縄へ帰れば海があるから，本土では山を見て生活しようという気持ちだ(備瀬，1996 年 7 月)．右：捕れたばかりのスク(備瀬，1996 年 7 月)

分乗した。漁民とはいっても、専業者は一人もいない。農業を兼ねている人、建設会社、町役場に勤めている人、商店の主人などいろいろである。平常は毎夕、浜辺に集って泡盛を酌み交わしている仲間たちは、スクの群れが近づくとにわかに漁民と化し、会社も休むのだ。

舟に乗ると、目の前はもう漁場である。水中のスクを発見しようと、みんな動き回る舟に立って、目をこらしている。そのうちに村の他のグループ、隣村のグループの舟もやってくる。私が乗っていた舟の一人が「スクだ！」と叫ぶと同時に海に飛び込んだ。群れを発見したのだ。他の二人も続いた。発見された群れには、他のグループは近づかない、それがルールになっている。仲間のもう一隻がやってきて袋網をおろす。船頭と私を除いて全員が海に入って網の方向へスクを追う。

みんな、酒を呑んでいるときとは別人のようだ。こうも変わるかと思うような真剣な表情だ。やがて網があがると、銀色の小魚の塊が見えた。網は二回おろされた。これで午前中は一段落、船着き場に戻り、昼食となった。

二〇キロほどの漁獲量となった。その場で分配される。舟の上で写真を撮っていただけの私にも、一キロ以上の配当があった。思いもよらないことだったので遠慮すると、舟に乗った人

小さな漁港で捕れた魚たち．那覇の市場へ行くと色彩豊かな魚が並んでいる．みんな周囲の海で捕れたものばかりだ(玉城村，1973 年)

那覇市の公設市場．左：豚の顔．よく見るとかわいい．皮はこりこりとさっぱりしている．ミミガーはピーナッツ，白味噌，砂糖，酢を混ぜたりして食べると美味しい．右：マチ，シーバイなど色とりどりの鮮やかな新鮮な魚．ベトナム滞在中によく食べたノコギリガザミもある(2006 年)

間に等分に配ることになっているとのことだった。

午後の漁も終わり、夕方、舟に乗った人々は海岸に集まって、涼しい潮風に吹かれながら、泡盛を酌み交わした。捕れたばかりのスクが酢味噌漬け、唐揚げとなって並べられた。

毎年、旧暦六月一日が近づくとスク漁に備えるそうだが、一九九二年以来、スクが備瀬にはまったく寄ってこず、ここでは四年ぶりの漁となったという。九二年は大漁で、備瀬だけで七トン、私が同行したグループはそのときに四トンを水揚げしたそうだ。

四年前、スクが捕れたことを聞きつけた業者が買い付けにきた。最初は一斤(六〇〇グラム)一〇〇〇円の値がついたが、捕れすぎたので一時は五〇〇円まで値下がりした。とはいえ、一キロ平均一〇〇〇円と計算しても四トンで四〇〇万円。にわか漁民たちの大きな臨時収入となる。

「今年はスクが来るかどうか胸をワクワクさせて待つ。来たらみんなで漁に出る。お祭りと同じだね」

スクも気まぐれで、東海岸に来たときは、西海岸には来ない。西海岸へ来ても、備瀬の珊瑚礁に寄ってくれるかどうかは分からない。気を揉ませるスク漁である。そのかわり、捕れたと

左：沖縄芝居．沖縄の言葉は，本土の共通語では表現のできない感情がこもっていて，沖縄の文化を代表するものと思っている．とくにユーモアを表現する言葉が素晴らしい．しかし，近年はテレビなどの影響で子どもや若者から「ウチナーグチ」が遠くなっていく．沖縄弁でみる沖縄芝居は楽しいが，子どもたちだけにみせるときは，共通語ですることもあるという．寂しい現象だ（1974 年 6 月）
右：川満勝広．ベトナム戦争中，ロックバンド「コンディション・グリーン」を結成し，海兵隊に爆発的な人気があった私は日本の男性でカッちゃんほど上手な英語で唄う人を他に知らない．基地の街「コザ」で生まれた沖縄ロックは戦後の文化である（沖縄市，1992 年）
下：沖縄では琉球舞踊が盛んである．いたるところで公演が行われており，レストランでも見ることができる．琉球舞踊が生活の周辺にあるという感じがする（具志頭村，1974 年）

左：台風が多いので戦前は家を石垣で囲んだ．家だけではなく，城，墓，井戸などの囲いにも石を積みあげた．現在，石はコンクリートブロックに変わっている（那覇市壺屋，1973 年）．右：アンマー（おばさん）．荷物を頭に乗せて運ぶ習慣は都市ではあまり見られなくなった（宮城島，1970 年）

きの嬉しさは格別という。この年、この呑み仲間グループの水揚げは約六〇〇斤（三六〇キロ）、相場は一斤一〇〇〇円ということだった。

私も初めてのスク漁に興奮し、その夕方の泡盛に酔った。故郷の自然を味わったのだ。

子ども目線で平和を考える

二〇一二年九月一一日に野田佳彦首相が尖閣諸島の国有化を発表してから、中国の反発が強くなった。一五、一六、一八日には中国の各都市で「反日」デモが起こり、日本大使館、領事館、デパートや工場などが投石、破壊、焼き討ちなどにあった。中国の海洋監視船による尖閣諸島周辺における領海侵犯も続けられていた。日本は尖閣諸島周辺に海上保安庁を集め警戒を強めている。

左：昭和天皇が死去した1989年１月７日の首里城の守礼の門の前で琉装の観光客．右：左は赤瓦，中央は茅葺き屋根，右は最近の洋風建築(国頭村安波，1992年)

私はこうした事態がいつまで続くのか、ハラハラした気持ちでいる。私が恐れるのは、中国に対抗するために日本の軍備を増強させようとすることだ。沖縄人として、やはりこのために「日米軍事同盟の強化」「オスプレイ配備」「辺野古に早く新基地を」という人が現れないか心配なのだ。軍事力の拡大にはきりがない。領土に関しては、国の威信、国民のナショナリズムが絡むので、お互いになかなか主張を譲らない。

そこで簡単な提案がある。

日本・中国・台湾で、尖閣諸島を「平和を築く島」と位置づけ、海底資源は共有とし、二〇一〇年七月以降中断している資源の共同開発を再開してはどうだろうか。「そんなに簡単にいかないよ」とみなに叱られそうだが、平和というものは、単純に考えた方がよい。

ベトナム戦争の撮影中、農村を爆弾、ロケット弾で攻撃す

左：八重山地方のミンサー．綿(ミン)を狭(サー)く織った帯．婚約が決まった女性から男性に贈る．綿糸を藍色などに染めて織る(竹富島，1971年)．右：白い道．砂糖キビ畑の農道が太陽の日差しでまぶしかった．今は海中道路と石油タンク用の埋め立て地で本島と結ばれている(宮城島，1970年)

る米軍を見て、その費用を農村の発展に役立てたらアメリカはベトナムの人々から大いに感謝されるだろうと単純に考えたことがあった。二〇一二年の一一月に地元で「戦争と子どもたち」という写真展を行ったときに、子どもに「どうして大人は戦争をするの」と聞かれた。大人は子どもの目線に立って平和を考えた方が良い方向に進むと思

青い海，赤い屋根，白い道と石垣．芭蕉の緑の葉．島にはゆっくりとした時間が流れていた（竹富島，1971 年）

う。

一九九五年一〇月二一日に行われた、米兵少女暴行事件に対する沖縄県民総決起大会で、普天間高校の仲村清子さんが「軍隊のない、悲劇のない平和な島を返してください」と訴えていた。仲村さんの言葉は沖縄を故郷に持つ私に、切実な気持ちとして心に染みこんできた。そのことも思い出す。

安倍首相に伝えたい詩

二〇一三年六月二三日の慰霊の日、一人の子どもの詩が読まれた。毎年、生徒・児童による「平和への誓い」が朗読されるのだ。その年は、沖縄最西端、与那国島・久部良小学校一年生の安里有生《あさとゆうき》くん、六歳の詩だった。

へいわってすてきだね

へいわってなにかな。

ぼくは、かんがえたよ。
おともだちとなかよし。
かぞくが、げんき。
えがおであそぶ。
ねこがわらう。
おなかがいっぱい。
やぎがのんびりあるいてる。
けんかしてもすぐなかなおり。
ちょうめいそうがたくさんはえ、
よなぐにうまが、ヒヒーンとなく。
みなとには、フェリーがとまっていて、
うみには、かめやかじきがおよいでる。
やさしいこころがにじになる。
へいわっていいね。へいわってうれしいね。

みんなのこころから、
へいわがうまれるんだね。

せんそうは、おそろしい。

「ドドーン、ドカーン」

ばくだんがおちてくるこわいおと。

おなかがすいて、くるしむこども。

かぞくがしんでしまってなくひとたち。


ああ、ぼくは、へいわなときにうまれてよかったよ。

このへいわが、ずっとつづいてほしい。

みんなのえがおが、ずっとつづいてほしい。

へいわなかぞく、

へいわながっこう、
へいわなよなぐにじま、
へいわなおきなわ、
へいわなせかい、
へいわってすてきだね。

これからも、ずっとへいわがつづくように
ぼくも、ぼくのできることからがんばるよ。

有生くんは落ち着いて立派に朗読した。その可愛らしい表情に癒される思いであった（安里有生くんの詩は二〇一四年、『へいわってすてきだね』という絵本としてブロンズ新社から刊行された）。

有生くんの言葉のように、これがまさに平和な光景であろう。子どもたちには平和の中で夢をもって成長していく権利がある。そのような平和な社会をつくってあげることが、大人の責任である。

青い海．きれいな海は沖縄の人々，本土の人々，世界の人々の財産である．みんなで大切にしたい（東海岸，1974 年）

沖縄戦では大勢の子どもたちが傷つき死んでいった。私もベトナムをはじめいろいろな国の戦場で子どもたちが死んでいく様子、親やきょうだいを失って悲しむ状況を見てきた。

大人が起こした戦争によって子どもたちの人権が奪われたのだ。有生くんがつくった詩は心に響く感動的なものである。それに比べると、その後の安倍晋三首相の挨拶はなんとむなしいものだっただろうか。沖縄戦で失われた命、戦争を憎み、平和を求めた沖縄の人たちの思いに触れるという安倍首相の言葉からは、心が伝わってこない。

安倍政権では、ことごとく平和とはかけ離れた政策がとられており、有生くんの平和の詩が生まれた与那国島への自衛隊配備計画も進められている。実現すれば、武器・弾薬も持ち込まれることになる。そうなると、「平和な島」の実現は、ますます遠のくことになるだろう。

政治家たちは、本土の人たちは、沖縄の言葉にもう一度耳を傾けてほしい。

あとがき

今、安倍晋三政権は辺野古新基地建設工事を強行しています。二〇一四年一月の名護市長選で市民は基地建設に反対する稲嶺進市長を選びました。一一月の知事選も辺野古新基地に反対する翁長雄志氏を当選させた。辺野古新基地反対を公約して議員に当選したにもかかわらず基地賛成に態度を変えた自民党議員は一二月の選挙で全員が落選し比例代表でなければ復活できなかったのです。

まさしくこのことが辺野古新基地建設に反対する沖縄の民意です。それなのに政府は埋立てを承認したのだから「粛々と工事を進める」と言っています。私は「粛々」という言葉が大嫌いになりました。政府の「粛々」という言葉には、民意には耳をかたむけないという姿勢を感じます。

仲井眞知事は選挙の時に辺野古新基地反対を公約し土壇場になって辺野古埋立てを承認した

沖縄史上最低の知事であると思っています。そのことをよく知っている県民は二〇一四年の知事選で仲井眞知事を選ばなかった。これも沖縄の民意です。

本土政府は、アメリカ政府との合意をもとに国策として辺野古新基地を建設した場合、多くのマイナスを背負うことになると思います。①選挙で選ばれた首長、選んだ市民の民意を無視したということで歴史的に沖縄人の信頼を失います。②そればかりではなく日本も民主主義を守らなかったとして世界から信頼を失います。③巨大基地が利用されてベトナム戦争のようにアジアの同胞が殺されると沖縄人、日本人も加害者となります。④戦争が起こった時、軍港をともなった辺野古巨大基地は攻撃の口実、目標となり民間人に犠牲が生じます。

戦争は兵士の殺し合い。民間人を犠牲にする。人命だけでなく個人・公共の財産、文化遺産、自然が破壊される。戦場を取材したカメラマンとして、こうしたことを目撃し撮影しました。そして軍隊は民間人を守らないことも実感しました。そのことは日本の侵略戦争でも証明されています。

最近の戦争でも米軍のアフガニスタンとイラクの爆撃、イスラエルのパレスチナ・ガザ地区砲撃、爆撃は殺人と破壊です。シリア、ウクライナも同様です。私が長期に取材したベトナム戦争でも軍事力は抑止力とならず、「武器」による圧力ではなくパリ会談という「話し合い」によって米軍は撤退しました。

誰でも知っているように平和は戦争でなく政府・民間人の友好的な交流から生まれます。基地・軍事力は平和の妨げとなるのです。

喜寿を迎えた私よりずっと年齢の若い安倍晋三さん、あなたが今、辺野古新基地建設を中止し、他の基地の早期返還に努力し、集団的自衛権行使ほか戦争に関する立法をやめて平和への道を進めば、あなたを偉いと尊敬します。

もし新基地が建設された場合、私は「安倍・仲井眞基地」と呼びます。その基地が利用されてどこかの国の人が殺された時は二人の名を思い浮かべます。もしかするとその頃には私はこの世にいないかもしれませんが、あの世へ行く前に「基地のない平和な島・沖縄」を実現してくれることを、安倍首相に心からお願い致します。

二〇一五年三月二七日

石川文洋

沖縄関連年表

年	事項
1970	コザ事件
1971	沖縄返還協定調印．11 月 10 日，沖縄返還協定批准反対のゼネスト
1972	5 月 15 日，沖縄の日本復帰．自衛隊が沖縄へ移駐
1973	パリでベトナム和平協定調印．特別国民体育大会「若夏国体」が開催
1975	ベトナム解放軍がサイゴンに入城．沖縄国際海洋博覧会が開催
1976	南北ベトナム統一選挙，ベトナム社会主義共和国成立
1978	交通方法が変更(右側通行)になる
1987	第 42 回国民体育大会「海邦国体」が開催
1992	首里城正殿が復元され，首里城公園開園
1995	「平和の礎」完成．米兵 3 人による少女暴行事件起こる(沖縄米兵少女暴行事件)
1996	日米両政府が普天間飛行場の全面返還を発表．基地問題を問う全国で初の県民投票
1997	政府が移転先として名護市辺野古のキャンプ・シュワブ沖に海上ヘリ基地建設を表明
2000	「琉球王国のグスクおよび関連遺産群」が世界遺産に登録される．九州・沖縄サミット開催
2003	那覇空港―首里間に沖縄都市モノレール(ゆいレール)が開通
2004	8 月 13 日，沖縄国際大学に米軍ヘリコプターが墜落する(沖国大米軍ヘリ墜落事件)
2007	「教科書検定意見撤回を求める県民大会」が開催
2010	沖縄本島近海で地震が発生．約 100 年ぶりの震度 5 以上を観測
2013	仲井眞知事が普天間基地の名護市辺野古への移設計画で埋め立てを承認
2014	辺野古移設が進められるなか，翁長知事をはじめ移設反対候補が当選
2015	翁長知事が辺野古移設作業の停止を指示

編集部作成

沖縄関連年表

年	事項
1879	尚泰，首里城を明け渡す．琉球藩を廃し沖縄県を置く(琉球処分)
1892	宮古で人頭税廃止運動が起こる
1899	第1次ハワイ移民団27人出発
1903	土地整理事業が終わる．宮古・八重山の人頭税が廃止
1909	府県制(特例)施行
1924	第一次世界大戦後の恐慌強まる(ソテツ地獄)
1937	盧溝橋事件勃発，日中全面戦争へ突入
1941	12月8日，真珠湾攻撃，アジア太平洋戦争始まる
1944	6月15日，米軍のサイパン上陸．8月22日，学童疎開船対馬丸，魚雷を受け沈没．「10・10空襲」，那覇が大空襲を受ける
1945	3月23日，米軍砲撃開始．4月1日，米軍沖縄本島上陸．6月23日，日本軍壊滅．9月7日，嘉手納基地で沖縄守備軍，降伏調印式
1947	日本国憲法施行
1950	米国民政府が設置される．朝鮮戦争勃発
1951	サンフランシスコ講和条約，日米安全保障条約調印
1952	サンフランシスコ講和条約により，米国の施政権下におかれる．琉球政府発足
1953	奄美諸島，日本に復帰
1956	プライス勧告発表．島ぐるみ闘争
1959	石川市宮森小学校に米軍機が墜落する
1960	沖縄県祖国復帰協議会が結成される
1963	北緯27度線で，本土・沖縄代表の初の海上交流
1964	8月2日，トンキン湾事件
1965	B52爆撃機，嘉手納飛行場からベトナムへ爆撃
1968	ベトナム解放軍のテト攻勢開始．B52爆撃機，嘉手納飛行場に常駐化．初の主席公選実施，屋良朝苗当選
1969	2月4日，ゼネスト中止．佐藤・ニクソン共同声明，72年沖縄返還決まる

石川文洋

1938年沖縄県那覇市首里に生まれる．1959〜62年毎日映画社．1964年香港のスタジオ勤務．1965年1月〜68年12月ベトナムに滞在．アメリカ軍，サイゴン政府軍に同行取材．帰国後，朝日新聞出版局のカメラマンとなる．1984年からフリーのカメラマン．
著書に『戦場カメラマン』(朝日文庫)，『てくてくカメラ紀行』，灰谷健次郎と共著『アジアを歩く』(以上，椎文庫)，『戦争はなぜ起こるのか — 石川文洋のアフガニスタン』(冬青社)，『サイゴンのコニャックソーダ』(七つ森書館)，『私が見た戦争』『命どぅ宝・戦争と人生を語る』(以上，新日本出版社)，『日本縦断徒歩の旅 — 65歳の挑戦』『カラー版 ベトナム 戦争と平和』『カラー版 四国八十八カ所 — わたしの遍路旅』(以上，岩波新書)ほか．

フォト・ストーリー 沖縄の70年　岩波新書(新赤版)1543

2015年4月21日　第1刷発行
2015年8月17日　第3刷発行

著　者　石川文洋《いしかわぶんよう》

発行者　岡本　厚

発行所　株式会社 岩波書店
〒101-8002 東京都千代田区一ツ橋 2-5-5
案内 03-5210-4000　販売部 03-5210-4111
http://www.iwanami.co.jp/

新書編集部 03-5210-4054
http://www.iwanamishinsho.com/

印刷・精興社　カバー・半七印刷　製本・中永製本

ISBN 978-4-00-431543-8　Printed in Japan

岩波新書新赤版一〇〇〇点に際して

ひとつの時代が終わったと言われて久しい。だが、その先にいかなる時代を展望するのか、私たちはその輪郭すら描きえていない。二〇世紀から持ち越した課題の多くは、未だ解決の緒を見つけることのできないままであり、二一世紀が新たに招きよせた問題も少なくない。グローバル資本主義の浸透、憎悪の連鎖、暴力の応酬――世界は混沌として深い不安の只中にある。

現代社会においては変化が常態となり、速さと新しさに絶対的な価値が与えられた。消費社会の深化と情報技術の革命は、種々の境界を無くし、人々の生活やコミュニケーションの様式を根底から変容させてきた。ライフスタイルは多様化し、一面では個人の生き方をそれぞれが選びとる時代が始まっている。同時に、新たな格差が生まれ、様々な次元での亀裂や分断が深まっている。社会や歴史に対する意識が揺らぎ、普遍的な理念に対する根本的な懐疑や、現実を変えることへの無力感がひそかに根を張りつつある。そして生きることに誰もが困難を覚える時代が到来している。

しかし、日常生活のそれぞれの場で、自由と民主主義を獲得し実践することを通じて、私たち自身がそうした閉塞を乗り超え、希望の時代の幕開けを告げてゆくことは不可能ではあるまい。そのために、いま求められていること――それは、個と個の間で開かれた対話を積み重ねながら、人間らしく生きることの条件について一人ひとりが粘り強く思考することではないか。その営みの糧となるものが、教養に外ならないと私たちは考える。歴史とは何か、よく生きるとはいかなることか、世界そして人間はどこへ向かうべきなのか――こうした根源的な問いとの格闘が、文化と知の厚みを作り出し、個人と社会を支える基盤としての教養となった。まさにそのような教養への道案内こそ、岩波新書が創刊以来、追求してきたことである。

岩波新書は、日中戦争下の一九三八年一一月に赤版として創刊された。創刊の辞は、道義の精神に則らない日本の行動を憂慮し、批判的精神と良心的行動の欠如を戒めつつ、現代人の現代的教養を刊行の目的とする、と謳っている。以後、青版、黄版、新赤版と装いを改めながら、合計二五〇〇点余りを世に問うてきた。そして、いままた新赤版が一〇〇〇点を迎えたのを機に、人間の理性と良心への信頼を再確認し、それに裏打ちされた文化を培っていく決意を込めて、新しい装丁のもとに再出発したいと思う。一冊一冊から吹き出す新風が一人でも多くの読者の許に届くこと、そして希望ある時代への想像力を豊かにかき立てることを切に願う。

（二〇〇六年四月）

政治

多数決を疑う 社会的選択理論とは何か	坂井豊貴
集団的自衛権とは何か	豊下楢彦
安保条約の成立	豊下楢彦
集団的自衛権と安全保障	豊下楢彦 古関彰一
外交ドキュメント 歴史認識	服部龍二
日米〈核〉同盟 原爆、核の傘、フクシマ	太田昌克
日本は戦争をするのか	半田滋
「戦地」派遣 変わる自衛隊	半田滋
自衛隊 変容のゆくえ	前田哲男
アジア力の世紀	進藤榮一
民族紛争	月村太郎
自治体のエネルギー戦略	大野輝之
政治的思考	杉田敦
現代日本の政党デモクラシー	中北浩爾
サイバー時代の戦争	谷口長世
現代中国の政治	唐亮
政権交代論	山口二郎
戦後政治の崩壊	山口二郎
日本政治 再生の条件	山口二郎編著
戦後政治史〔第三版〕	石川真澄 山口二郎
日本の国会	大山礼子
〈私〉時代のデモクラシー	宇野重規
大臣〔増補版〕	菅直人
生活保障 排除しない社会へ	宮本太郎
「ふるさと」の発想	西川一誠
政治の精神	佐々木毅
ドキュメント アメリカの金権政治	軽部謙介
民族とネイション	塩川伸明
昭和天皇	原武史
沖縄密約	西山太吉
市民の政治学	篠原一
日本の政治風土	篠原一
東京都政	佐々木信夫
政治・行政の考え方	松下圭一
ルポ 改憲潮流	斎藤貴男
市民自治の憲法理論	松下圭一
岸信介	原彬久
自由主義の再検討	藤原保信
海を渡る自衛隊	佐々木芳隆
人間と政治	南原繁
近代の政治思想	福田歓一

岩波新書より

法律

憲法への招待〔新版〕　渋谷秀樹
比較のなかの改憲論　辻村みよ子
著作権の考え方　岡本薫
自由と国家　樋口陽一
憲法と国家　樋口陽一
比較のなかの日本国憲法　樋口陽一
大災害と法　津久井進
変革期の地方自治法　兼子仁
原発訴訟　海渡雄一
民法改正を考える　大村敦志
労働法入門　水町勇一郎
人が人を裁くということ　小坂井敏晶
知的財産法入門　小泉直樹
消費者の権利〔新版〕　正田彬
司法官僚 裁判所の権力者たち　新藤宗幸
名誉毀損　山田隆司
刑法入門　山口厚

家族と法　二宮周平
会社法入門　神田秀樹
憲法とは何か　長谷部恭男
良心の自由と子どもたち　西原博史
独占禁止法　村上政博
有事法制批判　憲法再生フォーラム編
裁判官はなぜ誤るのか　秋山賢三
法とは何か〔新版〕　渡辺洋三
日本社会と法　渡辺洋三・甲斐道太郎・広渡清吾・小森田秋夫編
民法のすすめ　星野英一
納税者の権利　北野弘久
小繋事件　戒能通孝
日本人の法意識　川島武宜

カラー版

カラー版 国芳　岩切友里子
カラー版 北斎　大久保純一
カラー版 四国八十八カ所　石川文洋
カラー版 ベトナム 戦争と平和　石川文洋
カラー版 知床・北方四島　大泰司紀之・本間浩昭
カラー版 西洋陶磁入門　大平雅巳
カラー版 すばる望遠鏡の宇宙　海部宣男・宮下曉彦写真
カラー版 ブッダの旅　丸山勇
カラー版 難民キャンプの子どもたち　田沼武能
カラー版 ハッブル望遠鏡が見た宇宙　野本陽代・R・ウィリアムズ
カラー版 細胞紳士録　藤田恒夫・牛木辰男
カラー版 メッカ　野町和嘉
カラー版 シベリア動物誌　福田俊司

経済

ポスト資本主義 科学・人間・社会の未来	広井良典
日本の納税者	三木義一
タックス・イーター	志賀櫻
タックス・ヘイブン	志賀櫻
コーポレート・ガバナンス	花崎正晴
グローバル経済史入門	杉山伸也
アベノミクスの終焉	服部茂幸
新自由主義の帰結	服部茂幸
新・世界経済入門	西川潤
金融政策入門	湯本雅士
日本経済図説〔第四版〕	宮崎勇 本庄真 田谷禎三
世界経済図説〔第三版〕	宮崎勇 田谷禎三
WTO 貿易自由化を超えて	中川淳司
日本財政 転換の指針	井手英策
日本の税金〔新版〕	三木義一
成熟社会の経済学	小野善康
景気と経済政策	小野善康
平成不況の本質	大瀧雅之
原発のコスト	大島堅一
次世代インターネットの経済学	依田高典
ユーロ 危機の中の統一通貨	田中素香
低炭素経済への道	諸富徹 浅岡美恵
「分かち合い」の経済学	神野直彦
人間回復の経済学	神野直彦
グリーン資本主義	佐和隆光
市場主義の終焉	佐和隆光
消費税をどうするか	小此木潔
国際金融入門〔新版〕	岩田規久男
金融入門〔新版〕	岩田規久男
ビジネス・インサイト	石井淳蔵
ブランド 価値の創造	石井淳蔵
グローバル恐慌	浜矩子
金融商品とどうつき合うか	新保恵志
金融NPO	藤井良広
地域再生の条件	本間義人
経済データの読み方〔新版〕	鈴木正俊
格差社会 何が問題なのか	橘木俊詔
シュンペーター	伊東光晴 根井雅弘
ケインズ	伊東光晴
現代に生きるケインズ	伊東光晴
景気とは何だろうか	山家悠紀夫
環境再生と日本経済	三橋規宏
人民元・ドル・円	田村秀男
社会的共通資本	宇沢弘文
経済学の考え方	宇沢弘文
経営革命の構造	米倉誠一郎
経済論戦	川北隆雄
アメリカの通商政策	佐々木隆雄
戦後の日本経済	橋本寿朗
共生の大地 新しい経済がはじまる	内橋克人
思想としての近代経済学	森嶋通夫
アメリカ遊学記	都留重人

社会

戦争と検閲 石川達三を読み直す	河原理子
生きて帰ってきた男	小熊英二
地域に希望あり	大江正章
地域の力	大江正章
遺骨 戦没者三一〇万人の戦後史	栗原俊雄
フォト・ストーリー 沖縄の70年	石川文洋
ルポ 保育崩壊	小林美希
アホウドリを追った日本人	平岡昭利
朝鮮と日本に生きる	金時鐘
被災弱者	岡田広行
農山村は消滅しない	小田切徳美
復興〈災害〉	塩崎賢明
「働くこと」を問い直す	山崎憲
原発と大津波 警告を葬った人々	添田孝史
縮小都市の挑戦	矢作弘
福島原発事故 被災者支援政策の欺瞞	日野行介
日本の年金	駒村康平
食と農でつなぐ 福島から	岩崎由美子 塩谷弘康
過労自殺〔第二版〕	川人博
金沢を歩く	山出保
ドキュメント 豪雨災害	稲泉連
希望のつくり方	玄田有史
親米と反米	吉見俊哉
人生案内	落合恵子
ひとり親家庭	赤石千衣子
女のからだ フェミニズム以後	荻野美穂
〈老いがい〉の時代	天野正子
子どもの貧困	阿部彩
子どもの貧困 II	阿部彩
性と法律	角田由紀子
ヘイト・スピーチとは何か	師岡康子
生活保護から考える	稲葉剛
かつお節と日本人	宮内泰介 藤林泰
家事労働ハラスメント	竹信三恵子
ルポ 雇用劣化不況	竹信三恵子
福島原発事故 県民健康管理調査の闇	日野行介
電気料金はなぜ上がるのか	朝日新聞経済部
おとなが育つ条件	柏木惠子
在日外国人〔第三版〕	田中宏
まち再生の術語集	延藤安弘
震災日録 記憶を記録する	森まゆみ
原発をつくらせない人びと	山秋真
社会人の生き方	暉峻淑子
豊かさの条件	暉峻淑子
豊かさとは何か	暉峻淑子
構造災 科学技術社会に潜む危機	松本三和夫
家族という意志	芹沢俊介
ルポ 良心と義務	田中伸尚
靖国の戦後史	田中伸尚
日の丸・君が代の戦後史	田中伸尚
憲法九条の戦後史	田中伸尚

岩波新書より

飯舘村は負けない　千葉悦子・松野光伸
夢よりも深い覚醒へ　大澤真幸
不可能性の時代　大澤真幸
3・11複合被災　外岡秀俊
子どもの声を社会へ　桜井智恵子
就職とは何か　森岡孝二
働きすぎの時代　森岡孝二
日本のデザイン　原研哉
ポジティヴ・アクション　辻村みよ子
脱原子力社会へ　長谷川公一
希望は絶望のど真ん中に　むのたけじ
戦争絶滅へ、人間復活へ　むのたけじ・黒岩比佐子 聞き手
福島 原発と人びと　広河隆一
アスベスト 広がる被害　大島秀利
原発を終わらせる　石橋克彦 編
日本の食糧が危ない　中村靖彦
ウォーター・ビジネス　中村靖彦
勲章 知られざる素顔　栗原俊雄
生き方の不平等　白波瀬佐和子

同性愛と異性愛　風間孝・河口和也
居住の貧困　本間義人
贅沢の条件　山田登世子
ブランドの条件　山田登世子
新しい労働社会　濱口桂一郎
世代間連帯　上野千鶴子・辻元清美
当事者主権　中西正司・上野千鶴子
道路をどうするか　五十嵐敬喜・小川明雄
建築紛争　五十嵐敬喜・小川明雄
ルポ 労働と戦争　島本慈子
戦争で死ぬ、ということ　島本慈子
ルポ 解雇　島本慈子
子どもへの性的虐待　森田ゆり
森の力　浜田久美子
テレワーク 「未来型労働」の現実　佐藤彰男
反貧困　湯浅誠
ベースボールの夢　内田隆三
グアムと日本人 戦争を埋立てた楽園　山口誠

少子社会日本　山田昌弘
「悩み」の正体　香山リカ
いまどきの「常識」　香山リカ
若者の法則　香山リカ
変えてゆく勇気　上川あや
定年後　加藤仁
労働ダンピング　中野麻美
誰のための会社にするか　ロナルド・ドーア
安心のファシズム　斎藤貴男
社会学入門　見田宗介
現代社会の理論　見田宗介
冠婚葬祭のひみつ　斎藤美奈子
少年事件に取り組む　藤原正範
まちづくりと景観　田村明
まちづくりの実践　田村明
桜が創った「日本」　佐藤俊樹
生きる意味　上田紀行
ルポ 戦争協力拒否　吉田敏浩
社会起業家　斎藤槙
男女共同参画の時代　鹿嶋敬

岩波新書より

環境・地球

異常気象と地球温暖化	鬼頭昭雄
エネルギーを選びなおす	小澤祥司
欧州のエネルギーシフト	脇阪紀行
グリーン経済最前線	井田徹治 末吉竹二郎
低炭素社会のデザイン	西岡秀三
環境アセスメントとは何か	原科幸彦
生物多様性とは何か	井田徹治
キリマンジャロの雪が消えていく	石弘之
地球環境報告	石弘之
地球環境報告 II	石弘之
酸性雨	石弘之
イワシと気候変動	川崎健
森林と人間	石城謙吉
世界森林報告	山田勇
国土の変貌と水害	高橋裕
地球の水が危ない	高橋裕
地球持続の技術	小宮山宏
山の自然学	小泉武栄
山への挑戦	堀田弘司
地球温暖化を防ぐ	佐和隆光
地球環境問題とは何か	米本昌平
水俣病は終っていない	原田正純
水俣病	原田正純

情報・メディア

鈴木さんにも分かるネットの未来	川上量生
世論調査とは何だろうか	岩本裕
NHK〔新版〕	松田浩
震災と情報	徳田雄洋
デジタル社会はなぜ生きにくいか	徳田雄洋
メディアと日本人	橋元良明
本は、これから	池澤夏樹編
インターネット新世代	村井純
インターネット	村井純
ジャーナリズムの可能性	原寿雄
ITリスクの考え方	佐々木良一
ユビキタスとは何か	坂村健
ウェブ社会をどう生きるか	西垣通
IT革命	西垣通
報道被害	梓澤和幸
メディア社会	佐藤卓己
現代の戦争報道	門奈直樹
未来をつくる図書館	菅谷明子
メディア・リテラシー	菅谷明子
インターネット術語集 II	矢野直明
広告のヒロインたち	島森路子
フォト・ジャーナリストの眼	長倉洋海
戦中用語集	三國一朗
職業としての編集者	吉野源三郎

岩波新書／最新刊から

1550
ポスト資本主義
科学・人間・社会の未来
広井良典 著
近代科学と資本主義に共通する「限りない拡大」の追求は、深刻化する諸課題への解答になるか？　定常化時代の新たな社会構想。

1551
鈴木さんにも分かるネットの未来
川上量生 著
ネットの世論とは？　テレビ、新聞を凌駕？リアルとの関係は…。パイオニアとして様々な試みを実現した著者が縦横無尽に綴る。

1552
戦争と検閲
石川達三を読み直す
河原理子 著
戦前から戦後に度重ねて検閲を受けていた達三。何が、どう問題とされたのか？　貴重な資料を多数駆使し、言論統制の実像に迫る。

1553
右傾化する日本政治
中野晃一 著
日本社会の座標軸が右へ右へと少しずつ推し進められてきたプロセスをたどり、「新右派転換」を経た現代の本質を描き出す。

1554
会社法入門　新版
神田秀樹 著
会社法を一冊でコンパクトに解説！　平成二六年改正、「コーポレートガバナンス・コード」策定など、最新の動向も反映する。

1555
ルポ にっぽんのごみ
杉本裕明 著
日々の「ごみの行方」はどうなっているのか。最先端のリサイクル施設、海を渡った中古品、拡大しているリユース事情などを活写。

1556
プラトンとの哲学
対話篇をよむ
納富信留 著
「君はこの問いにどう答えるか？」作品の背後から、プラトンが語りかけてくる。二千年の時を超え、今も息づく哲学の世界へ。

別冊11
岩波新書で「戦後」をよむ
小森陽一
成田龍一
本田由紀 著
時代の経験と「空気」が深く刻み込まれた岩波新書を読み解くことで、今を生きる私たちにとっての「戦後」の意味を塗り替えていく。

（2015.8）